극우 청년의 심리적 탄생

극우 청년의 심리적 탄생

누가 그들의
마음속 분노, 좌절, 박탈감을
원한과 복수로 키워
극우가 되게 하는가

| 김현수 지음 |

들어가는 말

왜 그들은 극우로 가고 있을까

    2024년 12월 3일의 계엄과 2025년 1월 19일 서부지방법원 습격과 폭동은 내게 큰 정신적 상처와 미래에 대한 불안을 만들었다. 그리고 주변의 많은 동료와 친지들은 탄핵, 계엄, 내란, 파면으로 이어진 숨 가쁜 역사 안에서 큰 혼란과 울분을 경험했고 또 고생을 겪었다.

    특히 계엄도 충격이었지만 서부지방법원 폭동에도 큰 충격을 받은 나는 이 날 진행되던 모든 다른 일을 멈추고 청년의 극우화에 대한 탐구와 함께 글을 쓰기로 작정했다. 나에게 1월 19일 폭동의 의미는 극우 청년 시대의 본격적인 등장으로 받아들여졌다. 그래서 극우 청년의 확산에 대한 대비책, 예방백신, 그리고 치유제가 무엇인지에 대한 책임감으로 조사하고 탐구해서 이 책을 쓰게 되었다. 이 책의 원고는 대선 전 4월 초순에 일차로 마무리가 되었다.

    서부지방법원 폭동 이후 극우 혹은 우익 청년들의 행동과 심리에 대한 여러 분석이 있었다. 다양한 학자들이 대선을 치르면서 우리 사회의 새로운 양상으로 극우 청년들의 등장에 주목하고 있으며 이에 대한 분석을 시도하고 있다. 이 책도 그 시도 중 하나로 여겨지면 좋겠다. 이 책 편집 기간 중 대선이 시작되었고 출간을 앞둔 시점에서 또다른 큰 불상사가 하나 더 터졌다. 대통령 후보로 출마한 한 젊은 정치인의 충격적 발언과 그 이후 행태였다.

특권과 말재주로 무장한 듯이 보이는 한 젊은 정치인의 발언은 그 발화가 어떤 심리적 구조로 탄생했는지의 물음을 우리 모두에게 던졌다. 다수 국민이 시청하는 대선 방송 토론회장에서 참으로 안타까운 반응을 불러일으킬 만한 행동을 했다. 그리고 그 후 본인은 '사실에 기초한 발언'이므로 문제가 없다는 항변을 해 애석함을 더했다. 사실도 중요하지만 맥락의 중요성, 사실이 미칠 영향, 그리고 사실과 관련된 주변 사람들의 감정을 고려하지 못하는 인지적·심리적 상처는 어떤 경우에 발생할까? 그런 그가 어떻게 중앙 정치무대에서 한 당의 대선 후보가 될 수 있었을까 의아했다. 뛰어난 점도 있겠지만 극우 특유의 선동과 무차별성 그리고 도덕적으로 무책임한 태도는 여러 걱정을 들게 했다. 이 젊은 정치인의 행태가 사회적 경종을 울리는 계기가 되도록 선거 토론 방식이 바뀌기를 간절히 바란다.

현재 전 세계적으로 극우 청년들의 세력화 흐름이 있는 것은 현실이다. 극우 청년들의 대결과 혐오, 악의적 선동과 파괴적 분노, 그리고 복수와 원한에 기초한 이 흐름을 가열하고 폭발하도록 부추기는 세력 또한 엄연하게 존재한다. 이들을 이해하기 위해 필자가 시도한 작업이 혐오에서 희망으로 갈 수 있도록 돕는 징검다리

중 하나이길 빈다. 그런 마음으로 비록 초보적이고 부족한 작업이지만 이해에 기초한 도움을 주고자 이 책을 쓰게 되었다. 부디 이 책 작업을 통한 일말의 노력이 극우 청년에 대한 효과적 대처에 작은 기여가 되길 바란다.

그들은 어떤 마음으로 살고 있을까

나는 10대에서 20대까지 다양한 청소년과 청년들을 자주 만나는 정신과 의사다. 진료실도 사회적 공간의 하나이므로 극우[1]의 입장을 지닌 청소년과 청년들을 만날 때가 있다. 그들은 진료 시간에 커뮤니티나 유튜브에서 듣고 보는 이야기를 꽤 한다. 정치인에 대한 욕설부터 시작해서 세상이 망해가고 있거나 망했으면 좋겠다는 이야기는 정말 자주 듣는다.

다른 시대에도 청소년과 청년들의 마음이 아플 일들이 많았을 것이다. 이 시대도 마찬가지다. 청소년과 청년들이 마음 아플 일은 적지 않다. 그들은 속상하고 아픈 마음을 진료실에서 꺼내놓는다. 그런데 꺼내놓은 감정의 응어리들이 심상치 않다. 분노, 불신, 의심, 억울함, 괴로움, 원한, 짜증, 적개심, 증오, 혐오, 수치심 등이 마구 쏟아진다. 그들은 이 부정적 마음을 어떻게 느끼고 다루려 할까?

진료실에서 공감으로 그 트라우마와 응어리를 풀어내거나 혹은 특정 프레임으로 굳어져 가는 관점을 녹여내기란 불가능에 가깝다. 진료실에서 하는 일은 조금 온도를 낮추고 속도를 늦추며 조금이라도 자신의 본심을 느끼거나 거울에 비추어볼 수 있는 마음을 가지도록 돕는 일에 불과하다.

청소년과 청년들을 만나다 보면 관계에서 '이해'가 정말 중요함을 깨닫는다. 공감에 다다르기란 쉽지 않다. 또 '완벽한' 이해는 애당초 불가능하다. 그래도 '일부나마' 이해하는 게 중요하다. 그들은 그 이해에 기초해 인정받은 기분이 들면 마음을 조금 열고 약간 부드러워진다. 자기심리학의 창시자 하인츠 코헛Heinz Kohut은 이해가 정말 중요하다고 말했다. 진정 이해하려고 노력해야 공감으로 이어진 문으로 향할 수 있다고 했다.[2]

극우 청년들도 이해받기를 원한다. 또 인정받기를 원한다. 하지만 그들의 행동에 공감이나 동의를 하기는 어렵다. 그렇다고 그들과 선을 그으며 단절해야 할까? 그렇지 않다. 비록 공감이나 동의는 어렵지만 그 과정, 경로, 경험의 속세계를 들여다보면 그렇게 생각하고 행동하게 된 것을 이해할 수가 있다. 그 이해가 한편으로 변화의 출발이자 실마리다. 이 책은 내가 그들을 이해하기 위해 시도해 온 과정을 여러분과 공유하기 위한 시도다.

상대적 박탈감과 좌절감에 극우의 문앞까지 가게 된다

신자유주의 시대와 나르시시즘의 시대를 살면서 청소년과 청년들이 겪은 상대적 박탈감은 상당하다. 청년 자살을 연구한 학자들의 보고에 따르면 자살에 이르는 계단 중 하나가 바로 '상대적 박탈감'과 '좌절감'이라고 한다.[3] 가슴 아프게도 진료실에서 청소년과 청년들에게 "이제 더 이상 어떻게 해도 안 될 것 같아요."라는 이야기를 많이 들어왔다. 그들의 목소리에는 경쟁과 비교로 느낀 상대적 박탈감과 그로 인해 품게 된 원망, 원한, 좌절, 분노, 울분 등으로 가득 차 있었다.

이 악순환의 사이클을 어떻게 다루느냐가 평화로운 사회를 만드는 관건이라고도 할 수 있다. 그 암적 감정들과 독성 스트레스들이 청소년과 청년들에게 어떻게 작용하는지를 당사자들에게 들으면 우익 청년의 탄생이 어떻게 시작되는지 다소 이해할 수 있다. 이 박탈감과 독성 스트레스에 시달리는 청소년과 청년들이 활짝 열린 파시즘과 극우의 문으로 들어서고 있다. 파시즘과 극우 세력은 그들의 감정과 스트레스를 적극적으로 이용한다.

서울서부지방법원에서 특정 판사에 대한 좌표를 찍고 추적하려는 우익 청년들의 출현을 보며 지옥으로 이어진 문이 열렸다는 느낌을 받았다. 우리나라에서도 정치 테러를 목적으로 조직된 혹은 아직 조직적이지 않지만 정보를 공유하는 극우 청년들이 본격적으로 출현했다는 것을 알리는 섬광을 봤기 때문이다.

바야흐로 지금 우리는 극우와 반동의 시대로 깊숙이 빨려 들어가고 있다. 최근 미국을 비롯한 인도, 브라질, 헝가리, 그리고 최근 독일 선거에서도 극우 정당의 득표율이 높아졌다는 뉴스를 접했다. 또 유럽의 여러 나라에서 극우 정당이 상승세를 타고 있다. 어떻게 이런 일이 벌어지고 있을까?

인류 문명에 새로운 전환이 일어나고 있음이 분명하다. 세계 문명은 새로운 시대에 들어서고 있는데 안타깝게도 그 새로운 시대는 반동의 시대인지도 모르겠다. 그리고 그 반동의 물결이 우리에게도 밀려들고 있다. 이번 윤석열 전 대통령의 계엄과 내란 시도, 법원 폭동, 보수 정당의 극우화, 극우 테러가 소용돌이치듯 이 사회를 휩쓸었다. 다행히 윤석열 전 대통령의 계엄과 내란 시도는 실패로 끝났다. 그리고 윤석열 전 대통령은 그 일로 탄핵되었고 이어 파면되었다. 하지만 모든 것이 제자리로 돌아온 것은 아니다. 우리도 이제 극우의 준동으로 이념의 영토가 오염된 지역에 속하게 되었다.

왜 청소년과 청년들이 파시즘의 길로 가는지 알아야 한다

파시즘을 피해 미국으로 도피했던 유럽의 지식인 중 테오도르 아도르노는 제2차 세계대전 후 다시 독일로 돌아왔다. 그는 독일 사회에 남아 있는 파시즘이 다시 부흥하지 않도록 많은 사회적 제안을 했다. 그는 파시즘과 극우가 민주주의의 상처와 흉터에서 자라난다고 생각했고 사회적으로 극우가 출현하는 시기는 시민의 '자아'가 위축되었을 때라고 했다.[4]

저성장, 저출생, 높은 자살률, 높은 청년 실업률은 지금 우리 사회의 큰 병폐이고 자아의 위축을 가져오는 사회적 변화이다. 불안과 불신의 사회에서 10여 년이 넘도록 각자도생을 한 결과다. 이 취약하고 위태로운 상황에서 지지 기반마저 허약했던 철없는 지도자가 그나마 봉인되어왔던 극우 파시즘 뚜껑을 열어 버리는 위험한 일을 저질렀다. 그리고 우리가 다 알고 있는 계엄과 내란 등의 위험한 행동을 저지르고야 말았다.

이제 더는 우려와 걱정을 마음에 품고만 있어선 안 된다. 왜 청소년과 청년들이 파시즘의 길로 가는지 알아야 한다. 그리고 그들이 그 길로 가지 않도록 막아서고 희망을 품고 살아갈 수 있도록 모색해야 한다.

* * *

이 책은 여러 제한과 부족함이 있음을 독자들에게 미리 밝힌다. 아쉽게도 우익화와 극우화 현상을 모두 아우르지 못했다. 내 주변에 있는 청소년과 청년들의 이야기를 중심으로 했다. 일부 신문이나 방송에 소개된 이야기들도 다루기도 하지만 그 깊이는 매우 피상적이다. 이 책은 심리와 정신분석적 관점에서 이해하면서 대안을 찾아보려는 시도이다. 정치학이나 정치평론이 아니다. 결국 한계가 많다. 변화를 위한 이해, 미래를 위한 준비를 위해 탐색하고 시도하는 예비적 작업 중 하나로 봐주길 바란다.

청소년과 청년 집단의 일부를 상담하고 또 공부를 통해 이해하고 치유하려 시도했다. 이 책은 그 과정에서 얻은 결과물 중 하나다. 박근혜 정부 때 '악의 출현'에 관한 세미나를 하면서 모아두었던 자료들, 트럼프의 첫 번째 당선 때 공부한 자료들, 혐오와 증오 그리고 파시즘에 관해 이전에 공부했던 자료들에다 최근에 새롭게 공부한 자료들을 보태 구성했다. 기성세대로서 성찰하며 이론적 공부를 함께 나누고자 한 내 의도가 독자들에게 가닿기를 바란다.

우리는 반동의 극우화 역사가 시작된 격변의 시간을 지나고 있다. 우리 사회와 문화에서 잉태되고 태어나고 만들어진 극우화와 파시즘이 청소년과 청년의 마음속에 어떻게 파고들었는지 본격적으로 이야기해 보겠다.

2025년 6월
김현수

차례

들어가는 말 왜 그들은 극우로 가고 있을까   • 4

1장
극우 청년의 심리적 탄생 경로   19

1. 일베에서 우익까지   21
청소년과 청년들이 일베와 디시인사이드에서 살고 있다 • 21 | 우익 게시판과 극우 유튜버의 방송으로 편향되어 있다 • 23

2. 극우 청년의 목소리에 귀기울이기   25
가슴속 분노와 원한 때문에 극우가 된다 • 25 | 친구 따라 극우로 간다 • 27

3. 극우로 가는 심리적 경로 살펴보기   29
인터넷과 유튜브를 통해 자기 주도적으로 우익화된다 • 29 | 사이비 종교의 포교와 포섭 활동으로 우익화된다 • 31

2장
극우 청년의 마음속 감정들   33

1. 불안과 원한이 복수심을 키운다   35
밀려나면 끝이라는 불안이 난폭해지게 만든다 • 35 | 좌절과 나락의 경험이 원한과 복수심을 키운다 • 37

2. 시대마다의 분노를 이해해야 한다   39
분노한 청년들의 칼끝은 진보로 향한다 • 39 | 외로운 유권자들은 극우 세력에 투표한다 • 44

3. 남자다움에 상처입고 우익화된다   47
남성 청소년들은 권리가 억압되고 피해를 받는다고 느낀다 • 47 | 남성 청소년들은 불안과 억울함을 터뜨릴 곳이 필요하다 • 48 | 남성 중심의 게임 커뮤니티에 열광한다 • 49 | 인터넷에서 마치 놀이처럼 혐오와 증오를 즐긴다 • 51 | 가입은 쉽지만 탈퇴는 어렵다 • 53

4. 기존 질서에 대한 파괴적 욕구가 있다   55
청년 주식 커뮤니티는 어떻게 극우 커뮤니티가 됐는가 • 55 | 2030 남성들의 눈에 트럼프는 대변자처럼 보인다 • 57 | 분노가 담긴 농담이 실제 극우 행동이 되고 있다 • 59

3장
마음의 극우화를 이해하는 이론 1
: 지위 위협 이론   65

1. 기존 지위를 잃고 있다   67
영어, 백인, 남성, 기독교의 지위가 위협받고 있다 • 67 | 주인이 바뀐다는 대교체론이 차별과 탄압 조치를 하게 된다 • 69 | 미국 중산층 백인 남성은 지위 상실 공포로 극우가 됐다 • 73

2. 문제는 이성이 아니라 감정이다   77
깊은 이야기 1 상실과 박탈 – 미국을 잃고 있다 • 78 | 깊은 이야기 2 또 다른 상실과 박탈 – 종교와 가부장제를 잃고 있다 • 80 | 깊은 이야기 3 경멸에 대한 분노 – 엘리트 집단에게 염증을 느낀다 • 81 | 깊은 이야기 4 새치기에 대한 분노 – 큰 정부가 가장 문제다 • 83 | 깊은 이야기 5 이질감 – 완전히 다른 세계에 살고 있다 • 84 | 깊은 이야기 6 공감 불능 – 경제가 아닌 문화와 감정의 문제다 • 85

3. 가부장제도의 회귀를 원한다   88
젊은 남성 노동자들은 자신을 피해자라고 본다 • 88 | 젊은 남성들은 남성성을 회복하자는 이념으로 뭉쳤다 • 92

4장
마음의 극우화를 이해하는 이론 2
: 원한과 약한 남성 이론   97

1. 포용 없는 사회에서의 원한이 극우를 만든다   99
깊은 원한이 우익 행동을 하게 만드는 감정적 동기다 • 99 | 누가 젊은 남성들을 깊은 원한에 사로잡히도록 했는

가 • 101 | 극우 청년들은 왜 엘리트 집단을 증오의 표적으로 삼았는가 • 103 | 돌봄의 부재는 청년을 극우화한다 • 106

2. 인셀, 극우주의, 약한 남성론이 대두되다   108

강해야 살아남는 경쟁사회가 특정 남성을 비하한다 • 108 | 약한 남성은 유리 지하실로 추락한다 • 113

5장
마음의 극우화를 이해하는 이론 3 : 성격론, 억압, 동일시 이론   117

1. 누가 극우 파시스트가 되는가   119

희망을 잃고 공포를 느끼면 파괴적으로 변신한다 • 119 | 자아가 약하면 권위주의적 성격이 되고 파시스트가 된다 • 122 | 권위주의적이고 조작적인 사람들이 파시스트가 된다 • 125

2. 억압당한 것들에 대한 출구를 잘못 찾다   130

도덕의 선을 넘을 때 유능감과 스릴을 느낀다 • 130 | 비합리적 억압과 권위는 극우 청년을 만들 수 있다 • 133

3. 청년들은 극우에서 구세주를 찾고 있다   136

청년들은 위선적인 정치에 배신감을 느끼고 극우 운동에 빠진다 • 136 | 극우 선동가들은 구세주나 아버지가 되려 한다 • 138 | 위축된 청년들은 사이비 종교집회에서 치유받는다 • 140

4. 피해자에서 가진 자 그리고 가해자가 되다   146

피해자가 자기자신을 '공격자와의 동일시'하고 순종한다 • 146 | 피해자는 '공격자와의 동일시'를 통해 협력자가 되고 만다 • 149 | 피해자는 피해 의식에 빠지면 연민보다 무임승차로 바라본다 • 152

6장
한국 극우 청년을 위한 이해의 시도   157

1. 청년들은 불행해왔고 지금도 불행하다   159
청년세대의 극우화는 세계적 흐름이 되고 있다 • 159 | 저성장 시대 청년들의 불안과 불만을 헤아릴 수 있어야 한다 • 160 | 중학교 시절부터 성별 갈등과 경쟁 과열로 우익화된다 • 163

2. 청년들은 억울한 약자가 됐다고 생각한다   169
20대 남성은 불합리한 비용을 강요당한다고 생각한다 • 169 | 20대 남성의 상처와 어려움을 본격적으로 다루어야 한다 • 170

3. 새로운 사회적 격차에 격분하다   173
2030 남성 세대의 보수화 경향이 높아졌다 • 173 | 포용적이고 미래 지향적인 사회가 돼야 한다 • 175

7장
청년의 극우화를 예방하고 돕는 노력   179

1. 청년 극우화 과정을 이해해야 한다   181
극우화되는 경로를 파악하고 다른 길을 제시해야 한다 • 181 | 극우 청년의 내면적 사회심리학적 서사를 이해해야 한다 • 183 | 원한과 분노를 이겨낼 희망적 이데올로기를 만들어야 한다 • 185

2. 극우 선동에 맞설 수 있는 힘을 기르자   187
우파 유튜버들과 극우 종교 집회가 우익으로 이끈다 • 187 | 청년들이 강한 자아와 자율성을 가지도록 이끌어야 한다 • 189 | 청년들이 도태의 위협을 극복하도록 도와야

한다 • 193

3. 친절하고 다정한 민주주의가 돼야 한다   **195**

극우 콘텐츠에 물들지 않도록 교육해야 한다 • 195 | 친절하고 다정한 민주주의자로서 기다려야 한다 • 197

4. 불안을 치유하고 희망을 만들어가자   **199**

사회가 청년에게 진짜 아버지 역할을 해줘야 한다 • 199 | 청년들에게 도덕적 당위, 처벌, 강제, 협박은 통하지 않는다 • 202

후기
청년들의 상처를 치유하는 것에서 다시 출발해야 한다 • **206**

미주 • **213**

1장 극우 청년의 심리적 탄생 경로

1
일베에서 우익까지

청소년과 청년들이 일베와 디시인사이드에서 살고 있다

나는 진료실에서 극우 성향의 청소년과 청년을 상담하면서 그들의 이야기를 직접 들을 기회가 많았다. 극우 성향 남초 커뮤니티인 일베에서 시작해서 우익 청년이 된 친구들도 있다. 그들은 오랜 세월 국내 최대 커뮤니티인 디시인사이드의 세계에서 살았다. 그때부터 이미 그 세계의 프레임이 뇌에 각인되었다고 봐야 할 것 같다.

중학교 때부터 자신이 우익이었다고 고백하는 아이들도 있다. 그 시절부터 경쟁에서 도태되는 경험을 했다. 그 이유가 여학생들과 여선생님의 성차별 때문이라고 한다. 그에 따른 여성 혐오로 자신의 우익화는 시작되었다고도 한다.

"인셀, 초식남, 찌질이, 한남충 등 남성 혐오가 세상에 넘쳐나요.

여혐과 안티페미는 필연이에요. 남성이라면 메갈에 대한 증오는 당연해요."

그들이 바라보는 세상은 편향되어 있었다. 학교는 페미니스트들이 다 장악했다고 여겼다. 선생님들은 페미니스트 편이고 공부라는 것 자체가 남성에게 불리하게 설계되었다는 것이다. 586 부모가 너무 싫어서 우익이 되었다는 청년도 있다. 온갖 위선과 이기적인 처신들이 역겹다고 하면서 그런 사회를 부수고 싶다고 말한다. 그냥 부수는 것이 행복하다고 한다.

청소년과 청년들의 증오심은 구체적인 대상이 있다. 잘난 척하는 인간들이다. 뒤로는 제 잇속을 다 챙기면서 거짓말하는 것이 싫다고 말한다. 그들이 증오하는 대상은 여성, 중국인, 좌빨, 엘리트 등이다. 모두 거짓으로 뭉친 것들이라고 한다. 그들끼리 학력, 부동산, 스펙, 주식 등 부자가 될 수 있는 건 다 해 처먹었다고 말하면서 경쟁 자체가 불공정하게 되었다고 한다.

또한 공정, 공평, 평등은 아예 불가능하다고 생각하고 차별을 주장하기도 한다. 여성, 외국인, 특정인 등에 대한 차별을 옹호한다. 그리고 잘난 인간들의 올바른 소리는 다 '개뻥'이라고 말한다. 흔히 PC라고 하는 정치적 올바름Political Correctness을 혐오한다고 하면서 한순간도 그런 걸 주장하는 인간과 같이 있고 싶지 않다고 한다. 아예 그런 인간들은 패주고 싶다고 한다. 이러한 증오로 "망해야 해요. 망했으면 좋겠어요. 다 죽었으면 좋겠어요. 소멸될 거면 차라리 빨리 소멸되었으면 좋겠어요."라고 하면서 폭망과 불행을 소망처럼 이야기한다.

우익 게시판과 극우 유튜버의 방송으로 편향되어 있다

지금 시대의 청소년과 청년들이 느끼는 일상에서의 분노, 불신, 피해의식, 불만, 원망, 원한은 다양하다. 어디서든 튀어나오는 끝나지 않는 이야기일 수도 있다. 특정한 피해의식도 있지만 사회 전 분야에 대한 불신과 분노도 크고 현재와 미래에 대한 불안도 크다. 반면에 반공 중심의 공산당 이야기는 생각만큼 듣지는 않는다. 이 이슈들은 청소년과 청년보다 태극기 부대라 불리는 장년층과 노인 세대에게 흔한 이야기인 듯하다.

그들은 대부분 디시인사이드의 다양한 하부 갤러리의 커뮤니티에서 영향을 받았다. 그리고 과거에는 일베의 영향을 받았는데 지금은 우익 유튜버들의 영향을 직접적으로 받고 있었다. 우익화 그룹의 청소년과 청년들이 선호하거나 매일 업데이트하는 유튜버들은 개인마다 달랐다. 그들의 이야기에 따르면 그 안에도 분파가 있고 입장의 차이가 있는 듯했다.

종교적 신앙은 없지만 정치적 신앙으로 우익 기독교 유튜버들을 따르고 지지하는 청소년과 청년들도 적지 않았다. 그들의 세계는 우익 게시판과 극우 유튜버의 방송으로 편향되어 있어서 이미 세계를 이해하는 관점, 이해의 프레임, 사고방식 등이 달라져 있었다.

보수와 진보의 뇌 구조가 다르다는 연구 결과처럼 그들은 매우 다른 방식으로 외부 세계를 바라보고 있었다.[1] 그러한 그들의 사고 법칙을 따라가기란 어렵고 힘든 일이다. 특히 테러에 가까운 행동을 하고 싶어 하는 아이들의 욕망을 들을 때나 마음속 깊이 맺힌 원한과 복수심에 대해 들을 때 더 그러하다. 그 이야기를 장기간 들어주면서 연민도 생기지만 경악하기도 하고 또 우려가 커지기도 한다.

그들의 심정과 내면세계를 이해하기 위한 심리적 주제어는 여러 가지다. 분노, 원한, 불안, 불신, 피해의식, 좌절감, 두려움 그리고 강자 혹은 공격자와 동일시 혹은 선망, 원초적 이분법적 사고, 병적 자기애 성향 등 한둘이 아니다. 그들의 내면을 지배하는 여러 심리적 상태를 어떻게 이해해야 할까?

2
극우 청년의 목소리에 귀기울이기

가슴속 분노와 원한 때문에 극우가 된다

내가 만난 우익화의 경로를 밟는 청소년과 청년들이 자신의 서사를 말하는 방식은 다음과 같다.

"소시민적 세계관의 평범한 내가 좌절하고 분노하고 충격을 받은 일들은 집, 학교, 동네에서 부모, 교사, 어른들, 선배, 또래 집단, 여성에 의해 생겨난다. 그 일들은 이해할 수 없고 불가능하고 부당한 일인데 내가 힘이 없어서 정말 억울하게 당했다. 그리고 그 후로도 여러 차례 당하고 살았다.

나는 분노와 원한을 가슴에 담아두고 있고 복수하고 싶다. 그동안 이런 감정을 이해하고 도와줄 사람을 찾을 수 없었다. 그러다가 내 감정을 알아주는 사람들을 찾게 됐다. 바로 온라인 게시판에서 활동하는 사람, 유튜버, 댓글을 활발하게 달며 우익화의 면모를 유감없이 발휘하는 사람들이다. 그들은 다 나처럼 박해받고 힘들게 지냈다가 용기를 내보려고 애쓰는 좋은 사람들이다. 그래서 나도 이런 거지 같은 세상에서 진실을 알려주는 유튜버와 집회에서 실천하고 행동하는 사람처럼 되고 싶다. 나는 피해자이자 정의를 되찾기 위한 복수자인 동시에 올바른 세상을 되찾는 데 용기를 내어 실천하는 사람이 되고자 한다."

물론, 이런 스토리가 우익 청년들 내면에 담긴 서사의 전부는 아니다. 하지만 그들의 우익화와 극우화 과정에 담겨 있는 다양한 요소를 알 수 있다. 이것을 약간 사회심리학적, 정신분석적 용어를 곁들여 다시 설명해보겠다.

"나는 위축되고 소심하며 공허한 사람이다. 그런데 약한 자아로 이 사회에 살면서 트라우마가 될 만한 일들을 많이 겪어야만 했다. 엄혹한 신자유주의 경쟁 체계 속에서 도태의 위협을 받거나 혹은 도태되거나, 처벌되거나 징계를 받는다. 이 과정에서 노력과 능력에 대한 비난과 꾸지람을 부모와 교사 등 어른들이나 또래 집단으로부터 수시로 받는다. 따뜻한 이해와 공감 그리고 친절한 교류 없이 각박하고 냉정한 요구, 의무, 책임만 경험할 뿐이다. 그러다가 정말 억울하고 이해하기 힘든 부당한 일이 생겨 내 정체성이나 인생의 방향에 큰 자기애적 상처가 되었다.

이 자기애적 상처에 대해 격분하면서 원한을 품게 되었고 이 문제를 해결하고 싶다. 미약한 내 힘으로는 불가능하다는 쓰디쓴 내적 고통을 견디던 중에 나처럼 피해자화나 박해자화의 심리적 과정을 발산하며 지내는 동지들을 만났다. 그들처럼 댓글을 달고 악플을 쓰기도 하고 집회에 나가면서 내 자아가 커지는 느낌이 들었다. 내 안에 집회의 리더나 인플루언서를 동일시하거나 내사하면서 과거와 다른 사람이 된 것 같다. 나는 이제 과거의 찌질이나 박해자가 아니라 활동가이고 투사가 되어가고 있다. 이 위기에 찬 상황을 구해내는 사람이 되고 있다."

소외, 좌절, 배제, 도태, 방임, 학대와 같은 아동기의 부정적 경험은 늘 우익화의 큰 원동력으로 작동한다. 그런데 이보다 더 크게 작용하는 것이 있다. 가정이나 학교를 중심으로 한 사회적 장소에서 겪는 부당함과 억울함에 대한 분노. 그리고 분노를 풀지 못할 때 생기는 원한이다.

그들은 자신의 분노를 풀고 원한을 해소하기 위해 복수하고 싶어 한다. 방법은 두 가지다. 자신이 복수하거나 자신을 대신해서 싸워줄 히어로를 찾는 것이다. 후자의 경우 아이들은 자신을 대체할 히어로에게 자신을 내어줄 생각이 있다고 한다. 심지어 자신을 내어주는 것을 넘어 그 히어로에 대한 일체화 심리를 가진 아이들도 있었다.

친구 따라 극우로 간다

물론 모두 이런 심리적 경로를 밟는 것은 아니다. 사실 이것보다 더 가벼운 방식으로 소속감을 느끼거나 정체성 놀이의 하나처럼 끼어들게 된 아이들도 있다. 그러면서 자신이 무언가 대단한 일을 한 느낌과 자아가 확장된 느낌을 경험한다. 도파민 분비를 즐기는 심각하지 않고 유희적인 우익 청년들도 적지 않다. 그리고 그냥 아무 생각 없이 모두가 망하기를 바라는 마음으로 훼방하고 싶어서 트롤짓[2]이나 할까 하다가 우익 세력의 행동대원이 된 친구들도 있다.

그들은 그냥 반대하는 것이 좋아서, 그냥 잘난 척하는 놈들이 싫어서, 그냥 위선적인 인간들을 훼방하고 싶어서 극우 행동을 했다고 한다. 하지만 이런 친구들도 깊이 들여다보면 성장 과정이나 현재의 생활에서 상실감과 박탈감, 가해자와 동일시하는 심리, 자학적이면서 파괴적인 욕망 등이 있다는 것을 확인하게 될 때가 많다.

그러니까 사상적으로나 철학적으로 우익화를 시도하는 청소년이나 청년들도 있지만 그렇지 않은 청소년과 청년들도 꽤 있다. 경제적 문제와 정치적 문제도 중요 요인이지만 어쩌면 이런 감정적 문제들이 더 크게 작용하는지도 모르겠다.

내 친구가 옳아서가 아니라 좋아서 함께하려는 마음도 강력한 동기가 된다. "네가 옳은지 그른지는 모르겠으나 난 네가 좋은 것은 틀림없어서 동참하는 거야."라는 마음으로 우익 행동에 합류한다. 다른 이유가 아니라 우정 때문에 기꺼이 극우의 길을 간다는 것이다. 이처럼 청소년과 청년들이 극우로 가는 길은 여러 갈래다.

3
극우로 가는 심리적 경로 살펴보기

인터넷과 유튜브를 통해 자기 주도적으로 우익화된다

청소년과 청년들이 우익화와 극우로 가는 통로가 있다. 이 통로에 대해 체계적인 질적 연구나 집단 연구가 절실한 시점이다. 형식을 갖추지는 못했지만 인터뷰, 단일 사례 설계 연구, 설문, 구조화 및 반구조화 면담 등을 통해 살펴보면 일반적으로 다음의 단계를 따랐다.

1단계, 우익 이야기와 정치 이야기가 농담처럼 이야기되는 온라인 커뮤니티 게시판이나 개인 블로그 등에 접속한다. 이것은 「뉴욕타임스」에서 보도한 역설적 독화Irony Poisoning 현상의 중요성을 알려준다.[3] 그들은 농담처럼 웃자고 시작했다고 말한다. 콕 집어 일베 등과 같은 특정 콘텐츠의 사이트는 아니다. 하지만 이런저런 게임, 만화, 생활 콘텐츠에 정치 이야기가 섞이면서 간간이 우익 정치가 소개되거나 좌익, 여성, 엘리트, 지역에 대한 차별적 이야기가 우호적으로 다루어지는 익명의 인터넷 공간이 기본적으로 활용된다. 우익 활동가들은 이런 공간에 훨씬 친숙하다.

2단계, 1단계를 경험한 청소년과 청년들은 너무나 쉽게 일베, 디시인사이드 등을 포함한 우익 사이트와 유튜브 방송을 드나든다. 극우 아젠다를 포함해 유행하는 밈을 대거 전파하는 플랫폼에 출석하는 것이다. 재미가 흥미로 바뀌고 그들의 이슈에 간혹 동참한다. 해당 사이트나 내부 모임에서 이슈가 되거나 좌표가 찍힌 곳이 생기면 댓글 공격, 악플 도배 활동 등에 참여하기도 한다. 아직 본격적으로 드러내지는 않지만 익명 활동을 하기 시작하는 단계다.

3단계, 특정 우익 유튜버의 지지자가 되거나 혹은 자신이 지지하는 것을 반대하는 유튜버나 정치인의 게시판에 공공연하게 반대 글이나 혐오 글을 쓰거나 항의 전화와 문자를 하기 시작한다. 적극적으로 의견을 내고 노골적으로 분노를 표출하는 등 이 단계부터는 관점이 더 분명해지고 입장이 견고해지는 듯하다. 이때부터 자신의 의식화된 정치적 입장을 주변에 강력히 설파하는 것 같다. 가족과의 갈등도 이때부터 전면화된다. 정치 집착에 대한 비난을 듣고 입장 차이로 다툼이 일어나기도 한다. 특히 부모의 입장과 다르면 집을 나가버리기도 한다.

4단계, 자신을 실명화하거나 공개하고 모임이나 집회에 참석한다. 주요 우익 유튜브 채널이나 온라인 게시판에 중요한 논객이 되거나 단골 댓글러가 되기도 해서 사람들이 알게 된다. 그리고 입장을 갖게 된 상태에서 더 나아가 주장하고 선동한다. 모임을 나가고 정체성도 뚜렷해진다. 주도적 활동가가 되는 단계다.

5단계, 발언자가 되고 조직자가 된다. 좀 더 적극적인 역할을 맡거나 조직의 일원이 된다. 참가자에서 리더로 변신하는 단계다. 이 과정에서 정체성에 이어 소속감이 확고해진다. 충성도가 높아지고 자아가 확장되는 느낌을 경험한다.

우익화 혹은 극우화 과정의 절반 이상이 인터넷과 유튜브를 통해 자기 주도적으로 이루어진다. '셀프'로 만들어지는 것이다. 그 과정에서 자기 나름의 논리적 사고방식을 훈련한다. 가령 논쟁적인 댓글을 학습하는 것이 큰 도움이 된다고 한다. 논쟁적인 댓글을 모두 읽고 나면 주장, 방어, 대안에 대한 입장 차이를 대충은 다 알게 된다는 것이다. 수백 개씩 달리는 좌우 논쟁이 치열한 댓글은 어떻게 상대방을 공격하고 또 방어할 수 있는지를 파악하게 되는 학습장이다.

사이비 종교의 포교와 포섭 활동으로 우익화된다

현대 사회의 외로움과 고독은 청소년과 청년들이라고 해서 예외가 아니다. 1인 가구로 지내며 외부 활동이 뜸한 방치된 청년과 친밀하지 못한 가족 관계로 정서적으로 외롭고 욕구가 채워지지 않은 청소년 등을 대상으로 한 사이비 종교의 포교와 포섭 활동이 이슈다. 사이비로 취급받는 교회나 분파에서 다양한 방식으로 접근해 청소년과 청년들이 의지하게 한 뒤 종교관이나 세계관을 주입한다. 이렇게 가스라이팅을 하는 것에 관한 언론 보도나 사례 보고가 많이 있다. 최근에는 정치적으로 특정 경향에 크게 치우친 역사관을 기초로 하는 교육과정을 도입한 학교의 설립으로 큰 우려를 낳고 있다.[4]

몇몇 나라의 정교일치처럼 특정 교파의 국정 개입은 과거로의 회귀라 할 수 있다. 형태나 발현은 다르지만 또 다른 전체주의의 한 양상이다. 현대 사회에서 국가가 특정 종교의 나라가 되어야 한다는 주장과 그를 실천하는 것은 어쩌면 신앙을 넘어서는 것일 수 있다. 이것을 우리는 경계해야 한다.

세상은 하나의 종교로 이루어지지 않았다. 그런데도 특정 신의 나라를 만들어야 한다는 것은 과거의 역사적 관점에서 보면 전쟁을 하자는 주장과 같다. 십자군 전쟁을 지금 와서 다시 하자는 것은 세상을 파멸시키자는 것과 같다. 마치 종교국가를 하자는 주장인 셈이다. 욕망과 현실이 구분되지 않는 주장에 동조하려면 대중이 최면에 걸려 있어야 한다. 그러므로 이런 종교 활동은 일종의 최면 활동과 같다. 최면에 빠진 청소년과 청년들은 마치 피리 부는 사나이에 이끌리듯이 극우 행동을 저지르기도 한다.

2장 극우 청년의
마음속 감정들

1
불안과 원한이 복수심을 키운다

밀려나면 끝이라는 불안이 난폭해지게 만든다

극우화의 심리적 경로에서 가장 기초가 되는 감정은 불안이다. 경쟁과 평가 체제에서 우수한 사람을 제외한 다수는 불안의 나날이다. 긴 경쟁의 줄에서 계속 뒤로만 가고 있고 언젠가 잘릴 것이라는 도태의 위협을 받으며 산다. 우리나라 아이들 인생의 내면에 도사린 불안이다.

'잘림'의 불안은 이제 7세 고시에서 4세 고시까지 내려가서 3세 불안 장애의 시대를 열고 있다. 어찌 보면 우리 사회는 태어나면서부터 불안을 느끼고 살아갈 수 있는 사회의 표본이 되고 있다. 걸으면 사교육 들어가고 똥오줌 가리면 시험 치러 다니기 시작하는 사회다.

프로이트는 불안의 위계를 이야기한 바 있다. 사랑을 잃을 것에 대한 불안, 사랑하는 사람을 잃을 것에 대한 불안, 인정받지 못하는 불안을 이야기했다. 4세와 7세 고시에서의 실패 혹은 그런 고시에 진입조차 실패하는 일은 사랑을 잃을 것에 대한 불안이 된다. '사랑해 줄 사람, 인정받는 존재'라는 관계가 무너진 채로 인생을 살아가야 한다는 불안을 증폭시킬 것이다. 이때 아이들은 망망대해를 배 없이 떠다녀야 하는 불안을 가질 것이다. 과열된 경쟁은 이렇게 불안이라는 유령이 마음의 세상을 점령하게 만든다.

철학자이자 『불안사회』의 저자 한병철은 "불안은 대중을 우익 포퓰리즘으로 인도한다. 그리고 혐오를 선동한다. 연대와 친절과 공감은 서서히 붕괴된다. 증가하는 불안과 커지는 원한은 사회 전체를 난폭하게 만든다."라고 불안을 우익 포퓰리즘과 연결했다. 그리고 미국 전 대통령 오바마의 연설을 인용했다.[1]

"민주주의는 불안에 굴복하면 무너지게 됩니다."

사회 주류 혹은 인정받는 그룹에서의 잘림에 대한 공포는 불안을 지속화한다. 이 불안은 권력의 위계에 들어간 사람들에게도 있고 생존하기 급급한 사람에게도 있다. 모두에게 잘림에 대란 불안이 다 작용한다. 신자유주의 과잉 경쟁의 사회에서 '밀려나면 끝이다.'라는 인식이 지배되는 곳이라면 불안은 공기처럼 존재한다. 밀려났다고 생각하는 사람들은 이제 더 극심한 멸절과 잘림에서 소멸로 가는 불안을 겪는다. 극우 세력들은 그 소멸에 저항하는 것이 극우 행동이라고 말한다.

좌절과 나락의 경험이 원한과 복수심을 키운다

극우가 되어가는 청소년과 청년들은 모두 불안 속에서 살다가 결국 좌절하면서 나락으로 떨어지는 경험이 있다. 그 경험은 강렬한 트라우마로 남아 있다. 그때의 트라우마에 억울하고 화나고 부당해서 분노가 차오른다. 그런데 그보다 더 힘든 게 있다. 바로 그 순간에 자신을 위로하거나 손을 잡아주거나 도와주는 사람이 없었다는 사실이다. 그래서 극우 청소년과 청년들의 기존 사회에 대한 신뢰는 크게 깨져 있는 상태다. 그러면서 극우가 되는 과정의 큰 터닝포인트가 발생한다. 그들은 이제 도움이 필요 없으며 기대하지도 않는다. 자신을 힘들게 한 사회에 대해 원한과 복수심을 갖게 될 뿐이다.

그들은 '친절하고' '서로 돕고' '공동체적이고' 등의 정치 구호에 역겹다고 하면서 사회는 그런 곳이 아니니 그따위 거짓말은 그만하라고 말한다. 그들이 보기에 이 사회는 선의란 없다. 만약 있다면 포장일 뿐이라 말한다. 그들은 이제 가식적인 누군가의 선의로 포장된 동정의 대상이 되고 싶지 않다고 주장한다. 차라리 그따위 좌절에 대한 동정보다 오히려 밟아줄 테니 더 커서 올라오라는 적나라한 자극이 더 낫다고 하기도 한다. 이제 남은 것은 원한과 복수뿐이다.

철학자 니체는 르상티망Ressentiment, 즉 원한을 인간의 중요한 본성 중 하나라고 했다.[2] 르상티망은 사전적 의미로 '불안하고 불공평한 세상에 대한 패배주의적 분노'라고 한다. 니체는 이 용어를 철학적인 의미로 활용하였다. 약자는 현실에서 강자를 이길 수 없기 때문에 상상으로나마 복수하려 한다. 이때 품는 감정을 바로 르상티망이라 불렀다고 한다. '패자의 질투심'에 더 가까운 개념이라고 할 수도 있다.

우익화하는 청소년과 청년들은 약자인 자신들이 당하는 많은 일들을 가슴에 품고 자신을 대신해서 복수해 줄 사람 혹은 조직을 기다리고 있다. 그런 사람들이나 집단을 과거에는 찾기가 어려웠는데 소셜 미디어의 등장이 큰 변화를 만들었다. KKK단을 포함한 미국 내 우익 단체들이 더 부흥하게 된 배경에도 익명의 소셜 미디어가 작동했다. 우리 사회도 마찬가지다. 극우의 길을 따라가던 청소년과 청년들이 소셜 미디어를 통해 복수의 힘과 가능성을 더 얻으며 연결망을 갖게 되었다.

그간의 비굴함을 되갚아 줄 기회를 기다리고 있었던, 르상티망을 품고 있었던 사람들에게 언론의 우익화, 극우 방송의 출현, 비루함과 비굴함을 벗어던질 수 있는 인터넷 방송과 유튜브는 새로운 도약대가 되었다.

2
시대마다의 분노를 이해해야 한다

분노한 청년들의 칼끝은 진보로 향한다

독일의 철학자 페터 슬로터다이크Peter Sloterdijk는 역사의 중심에 분노가 있다고 했다. 시대마다 다른 분노가 작동했고 그 분노를 이해하는 것이 다음 세기를 만들어갈 수 있는 지혜라고 했다.[3] 그렇다면 작금의 극우 청소년과 청년들이 갖는 분노란 무엇인가? 그들은 어떤 분노를 느끼고 어떤 화풀이를 하고 싶어 할까? 그리고 극우 세력의 지도자들은 청소년과 청년들에게 어떤 분노를 기획해서 동원되도록 하는 것일까?

극우 성향을 지닌 청소년과 청년들과의 상담 시간은 분노의 불이 타오르는 시간이다. 그들은 언론에 보도되는 일부터 일상에서 일어나는 일까지 자신의 내면에 쌓이는 분노를 풀어놓으려고 진료실에 오는 것일지도 모르겠다. 내가 이 그룹의 환자들에게 가장 많이 들은 분노는 네 가지다. 세상에 대한 분노, 여성에 대한 분노, 학교와 또래들에 대한 분노, 부모와 가족에 대한 분노다.

첫째, 세상에 대한 분노는 가장 크고 다양한 내용을 담고 있지만 주로 미래에 대한 분노다. 자신들을 위한 밝은 미래가 준비되어 있지 않았다는 사실은 가장 강력한 이유다. 그들은 아버지보다 가난한 첫 세대라 불린다. 그들은 묻는다. "고성장 시대를 살았던 부모 세대는 이해할 수 없는 저성장과 양극화 시대를 사는 씁쓸한 기분을 과연 알고 있을까요?" 사회 전체는 부유한 것 같지만 청소년과 청년들은 더 가난해졌으며 경쟁은 더 치열해졌다. 그래서 좋은 대학을 나와도 좋은 일자리를 찾기 어려운 신자유주의 시대에 사는 것이 더 힘들다는 것을 이해하지 못하는 어른들에 대한 분노가 크다. 여기에 지구와 기후까지 말썽을 부린다. 자신이 죽기 전에 지구와 기후마저 이상하게 바뀌어 세상이 멸망하게 된다는 이야기는 분노를 넘어 무기력한 감정을 느끼게 한다.

그런데 왜 이 분노의 칼끝이 보수가 아니라 진보를 향하는가? 그것은 더 좋은 시대에 대해 더 많이 제안하고 더 많이 약속한 세력이 진보이기 때문이다. 그런데 그 약속을 제대로 지키지 못했다. 엄밀하게 말하면 약속을 지키지 못한 것이 아니라 그들은 자신들의 가족과 리그만을 풍요롭게 했을 뿐이다. 모두를 돕지 않았다. 예를 들어 문재인 정부는 청소년과 청년들에게 대학 입시 면에서, 취업 면에서, 부동산 면에서 모두 재앙을 안겼다. 민주 정부는 큰 희망을 큰 배신으로 만들었다. 보수 정부의 거짓말과 진보 정부의 위선 중 사람들을 더 분노하게 하는 것은 진보 정부의 위선이라고 한다. 탐욕보다 위선이 더 분노를 치솟게 한다는 것이다.

고용 없는 사회로의 진입은 일단 살아갈 자리를 내어주지 않는 사회라는 점에서 약속을 위반한 사회다. 당연히 분노가 생길 수밖에 없다. 이 분노는 갈수록 사그라지기는커녕 팽창된다. 그리고 새로운 분노를 불러온다. 그나마 부족한 일자리를 누가 대신 차지하는가에서 분노가 발생한다. 선두 자리를 다투는 경쟁 과정에서 발생하는 불공정, 편법, 차별에 대한 분노로 확장된다.

둘째, 여성에 대한 분노는 군대 문제부터 시작해서 여성 지원 대책까지 여러 차별이 부당하다는 생각에서 비롯된다. 여성의 권위 향상이나 여성에 대한 지원 대책이 늘어나면서 일부 남성들은 역차별당하고 자신들의 자리가 빼앗긴다고 생각하고 있었다. 그러다가 극우의 등장과 함께 이에 대한 불만, 불평, 불공정 시비가 늘어나고 있다. 우익 성향의 정치인들은 여성가족부 축소나 폐지를 공약으로 내면 표를 모을 수 있다고 판단하는 것으로 보인다.

나도 이 문제로 어려움을 겪은 적이 있다. 코로나19 초기 급증하는 여성 자살자에 대한 지원 사업을 기획하고 진행하다가 규모나 조직 등 그 형편을 잘 알 수 없는 특정 단체에 좌표가 찍혀 게시판 테러를 당한 적이 있다. 일간베스트(일베)와 에펨코리아(펨코)에 그들은 소식을 실어 날랐다. 그러자 그들의 게시판에서 분노가 폭발했다.

분노의 논리는 간단했다. 20대 남성을 위한 사업은 없는데 20대 여성을 위한 사업만 하는 것은 평등의 원리에 위배된다는 것이다. 그래서 해선 안 된다는 주장이었다. 우리는 20대 여성의 자살률이 많이 늘어난 것에 대한 대응 사업이라고 말했으나 유튜브, 언론, 해당 관청에 대한 민원, 정보 공개 청구 등으로 얼마간 담당자와 팀장들이 힘든 시간을 보내야 했다.

셋째, 학교에 대한 분노도 만만치 않았다. 학교라는 제도 자체를 부정한다. 학교라는 제도 안에서 여러 불합리한 것들인 선생님에 대한 불만, 학교폭력과 그 처리에 대한 불만과 분노가 주를 이룬다. 자신을 도와주지 않았던 교사와 친구들에 대한 분노로 인해 학교는 일종의 쓰레기터, 이상한 인간들의 집합 장소, 혹은 자기같이 착한 사람들을 괴롭히거나 병들게 하는 수용소 같은 곳이라고 이야기하기도 했다. 자신은 교사와 공부를 잘하는 아이들을 위한 장소에 들러리를 서주거나 괴롭힘을 당하는 존재일 뿐이었다고 분노했다. 자신이 그들에 대해 어떤 생각을 하는지 모를 것이라고도 했다. 분노에 차 교사와 공부 잘하는 아이들을 많이 원망하고 저주했다고 한다.

뜻밖에 공부를 잘하는 그룹에서도 우익화된 아이들이 있다. 그들의 핵심 심리는 늘 비교와 상대적 박탈감이었다. "누구 부모는 무엇을 해주는데 나는 그런 것 없이 하고 있다." "누구는 해외를 갔다 왔는데 나는 순수 국내파다."를 비롯해서 열등한 사회적 지위에서 벅차게 따라가려고 하니 힘들다고 이야기했다. 그들에게 학교는 경쟁, 비교, 박탈, 구타, 재수 없는 아이들, 따돌리는 아이들, 정글, 학교폭력 등 긍정적 경험이나 감정과 관련이 없는 경우가 많았다. 양아치처럼 노출되거나 크게 떠드는 아이들보다 조용하고 냉소적이고 소극적이지만 인터넷을 많이 하거나 울분과 분노를 삼키고 삭이는 아이들이 많았다.

넷째, 부모와 가족에 대한 분노는 가장 기본적인 분노 중 하나였다. 내 편이 되어주지 않는 부모, 나를 칭찬하거나 인정하지 않는 부모, 나에게 무관심한 부모, 나를 잘 모르는 부모가 분노의 대상이었다. 아버지에 대한 분노는 무관심, 폭력, 알코올 등으로 가족을 힘들게 하는 존재에 대한 분노다. 어머니에 대한 분노는 기대, 집착, 변덕, 잔소리에 대한 분노가 많았다. 특히 어머니의 똑바른 소리가 힘들다고 했다. 집을 나오고 싶지만 집에서 나올 수 없는 자신의 형편이 괴롭다고 하는 아이들이 많았다.

형제에 대해 고마워하는 아이들은 별로 없었다. 형제는 있으나 마나 하거나 도움이 안 되는 인간들로 묘사하는 경우가 많았다. 가족을 고마워하기는커녕 가족이 자신을 가장 아프게 하는 경우가 많아 사실 가족에게 위로와 도움을 얻을 생각은 하지도 않는다고 했다. 반면에 게임, 온라인 커뮤니티, 동호회를 같이 하는 형 중에는 함께 살고 싶은 사람들이 조금 있었다고 했다. 사정을 알지도 못하고 도움이 되지 않는 부모와 형제 등 무용한 가족 속에서 외롭게 지내 온 청소년과 청년들이 많았다.

외로운 유권자들은 극우 세력에 투표한다

외로움은 분노와 원한을 심화한다. 외로움은 자신의 세계에 대한 왜소함을 느끼게 하고 피해의식을 키운다. 그리고 외로움은 소속감을 갈망하게끔 하는데 이들이 바라는 소속감을 포퓰리즘이 채워주고 있었다.

인터넷 세계에 빠져들어서 거의 갇혀 지내는 외로운 청년들 사이에 인터넷 우익, 넷우익이라고 부르는 집단이 있다. 그 구성을 알기 어려운 집단이 생긴 것은 거의 전 세계에서 발생하는 보편적 현상에 가깝다. 미국의 레딧Reddit과 한국의 디시인사이드가 잘 알려진 온라인 커뮤니티다. 사용자는 주로 여성보다는 남성이 많고 10대와 20대가 많은데 다루는 주제는 다양하고 광범위하다. 게임, 영상, 도박, 섹스 등 현실에서 접하기 어려운 다양한 영역에서 게시판을 개설해 이야기를 나누거나 게임 플레이를 하면서 채팅을 한다. 익명의 대화방에서 성적 유혹을 하기도 하고 현실이라면 불가능한 온갖 욕설, 비난, 트롤짓을 하기도 한다.

의미 없는 유머, 누군가에 대한 원색적 비난, 세월호 참사 유가족 농성 현장에서 벌인 행위처럼 그냥 자기 기분에 따른 방해 등 조회수를 높이기 위한 다양한 시도가 넘쳐나는 사이트들이 꽤 있다. 그런 공간에서 수많은 시간을 보내는 10대부터 20대 사이의 남성 청소년과 청년들의 정치적 지지가 우익 포퓰리스트들이 많은 것으로 알려졌다. 실제로 트럼프를 지지한 중요한 그룹이 이 넷우익이라고 불리는 젊은 남성들이라고 한다.

『고립의 시대』를 쓴 영국의 정치경제학자 노리나 허츠는 외로움은 사회적 위험이며 우익화 세력이 파고들 수 있는 틈이라고 했다. 외로움과 고립감이 소외, 배제, 양극화, 극단주의를 불러일으킨다고도 했다. 한 개체가 외로우면 더 공격적으로 변하고 자신에게 다가오는 개체를 침입자로 인식하는 경향이 더 높아진다고 한다.[4]

노리나 허츠는 "외로움과 공감 능력 감소 사이에 연관성이 있다는 뇌 연구가 있다. 외로운 사람은 다른 사람의 고통이나 관점을 이해하려 하기보다 주변을 경계하고 위협 요소를 찾는다. 외로움은 주변화되고 무력해진 느낌, 고립되고 배제되고 자기 자리와 지원을 빼앗긴 느낌"이라고 말한다. 외로움은 혐오를 야기하고 사회적 위험을 불러일으킨다. 외로움으로 고립이 심해지면 포용성이 떨어지기도 한다.

노리나 허츠는 "전 세계적으로 우경화되는 포퓰리즘 현상을 연구하면서 '왜 우익에 표를 주는가?'에 대해 인터뷰했더니 '외로움'이라는 공통의 상황이 있었다. 의존할 친구가 없고 정치와 제도권으로부터 단절되었던 외로운 유권자들이 극우 세력에 투표를 한다."라고 했다.

극우 세력 정치가들의 선전과 선동도 외로운 사람들의 심정을 파고든다. 트럼프는 "그동안 기억되지 않은 미국의 남녀는 내가 반드시 기억해내겠습니다!"라고 외쳤다. 마린 르 펜 프랑스 국민전선 대표는 "기억되지 않은 프랑스, 엘리트라 자처하는 저들이 버린 프랑스를 섬기겠다."를 자신의 핵심 선거 구호로 정했다. 극우 세력 정치가들의 이런 말에 반응한 이들이 외로운 사람들이다. 이탈리아, 스페인 등 유럽의 극우 정당도 이들에게 소속감을 부여하기 위해 정치 집회를 일종의 사교모임처럼 운영한다.

미국의 한 연구 결과를 보면 트럼프 지지자들을 다른 후보에게 투표한 유권자와 비교했을 때 의지할 수 있는 친구와 이웃이 더 적었다. 지역사회에서 공동체 활동에 참여하지 않는 시간은 2배 더 많았다. 반면 공동체에서 봉사활동과 모임에 많은 시간을 보내는 사람들은 행복감과 삶에 대한 만족감이 늘어났고 불안감과 외로움은 이전보다 더 적게 느낀다고 답했다. 통계적으로 유의미한 수치였다.[5]

외로움은 단순히 아프고 고독하게 하는 데 그치지 않는다. 외로움은 더 공격적이고 위험한 세계를 조장한다.

3
남자다움에 상처입고 우익화된다

남성 청소년들은 권리가 억압되고 피해를 받는다고 느낀다

호주의 청소년 사회학자 파멜라 닐란Pamela Nilan은 청소년의 우익화가 어떻게 일어나는지를 연구했다.[6] 닐란은 이 연구에서 더 중요한 것은 우익화의 이념적 접근보다 우익화의 문화적 접근이라고 했다. 그는 우익화 과정에서의 문화적 경로와 과정을 잘 찾으면 입구와 퇴로를 잘 알 수 있다고 말한다. 입구에서는 예방을 하고 탈퇴를 망설이는 청소년들에게는 적절한 탈퇴 상담을 받을 수 있도록 연결하는 것이 중요하다고 주장한다.

자신들의 권리가 억압되고 피해를 보고 있다고 느끼는 청소년들에게 극우 온라인 커뮤니티와 유튜브 방송은 초기에는 유토피아를 만난 것 같은 기분이 들게 한다. 빈약한 소속감과 불명확한 정체감에 시달리며 불안하게 지내는 청소년들은 이러한 커뮤니티와 방송을 접하면서 관찰자에서 참여자로, 참여자에서 방송자로 성장하며 우익화된다.

특히 극우 비율이 높은 젊은 백인 남성들은 그들이 노동시장에서 배제되고 남자다움을 비난받으며 문제아 취급을 받고 있다고 느낀다. 거기에 여성과 이주 민족에 대한 편견과 소셜 미디어의 편향된 사용이 더해지면 확실히 극우의 길로 빠져들게 된다. 억압되고 외로운 시민인 남성 청소년과 청년들은 극우 활동 참여가 정당한 권리의 행사라고 생각한다. 이것이 극우 청년의 기본 인식이다.

남성 청소년들은 불안과 억울함을 터뜨릴 곳이 필요하다

현실 조직에서 뚜렷한 지위를 갖지 못한 채 외롭게 지내고 불만이 가득 찬 상태에서 주목받지 못하는 남성 청소년들의 자기 지각은 자아 축소다. 특히 백인 남성 청소년들은 자신의 권리가 계속 억압되고 있으며 지속적으로 박탈되고 있다고 보고 있다. 그들에게 불안과 억울함을 터뜨릴 수 있는 사회적 공간은 숨쉴 곳을 찾은 기분이 들게 한다. 그래서 그런 온라인 커뮤니티를 찾게 되면 마치 자신의 피신처이자 안전 기지를 만난 것과 같다고 말하는 것이다. 그리고 극우 담론의 선전 내용이 자신을 대변한다고 생각한다. 극우 담론의 선전과 선동으로 축소된 자아가 부풀어 오르면 새로운 역사를 쓰는 순간에 서게 된다. 더구나 그 대열의 선봉에 서라는 권유는 참여에의 유혹이 된다. 그리고 실제 극우 활동에 참여하고 방송과 뉴스에 등장이라도 하게 되면 예상하지도 못했던 지위와 권력이 생기기도 한다.

사실 이 과정에서 극우 담론의 이론적, 사상적 영향은 복잡하지 않다. 그것은 트럼프의 연설과 비슷하다. 위대한 미국을 만들자는 연설처럼 남성에게 빼앗긴 것을 되찾아 오자는 것, 바보 취급받는 일은 이제 참지 말자는 것, 원래 남성은 용기 있는 존재였는데 지난 여러 역사 속에서 비참하게 되었다는 내용이다. 극우 담론이 청소년에게 강조하는 이데올로기는 반엘리트, 반여성, 인종주의다. 이 중에서 청소년과 청년들이 어디에 더 자신의 가치를 두는지는 조금씩 다룰 수 있다. 여성 혐오가 더 강한 극우 청소년도 있고 반엘리트나 PC주의에 더 강하게 반발하는 청소년도 있다. 또는 인종 문제에 더 민감한 청소년도 있다. 공통점은 원래 자신들의 것인 권리를 빼앗기고 있다는 생각이 강하다는 것이다.

때로는 청소년기의 모든 불행을 좌파, 여성, 엘리트, 교사, 부모에게 돌리며 확장된 분노와 원망의 감정을 극우화 과정에 투사하기도 한다. 그들에게 이 되찾음, 즉 자기애적 상처에 대한 복원은 원래 완벽했던 자신을 되찾아주기 위한 치유다. 그래서 극우 활동을 통해 자신이 치유되었다는 청년들이 있다.

남성 중심의 게임 커뮤니티에 열광한다

닐란은 남성 청소년과 청년들의 온라인 커뮤니티에 대한 연구가 극우 이데올로기 형성과 극우 세력 참여의 변모 과정을 이해하는

데 크게 기여할 것으로 생각한다. 남성 중심의 게임과 전투를 기본으로 하면서 욕설이 가능한 실시간 채팅과 생존을 위한 팀플레이 활동은 청소년과 청년들의 온라인 조직을 만든다.

그들은 현실에서는 불가능하지만 게임 커뮤니티라 가능한 것들에 열광한다. 폭력적 콘텐츠, 무한한 욕설, 억압이 해제된 댓글, 트롤짓, 유치한 유머, 똥 게시물, 그들만이 공유하고 이해할 수 있는 밈 등 온라인 커뮤니티에서 자유를 만끽한다. 남성들의 관대한 게임 커뮤니티가 젊은이들에게는 매력적인 공간이 되었다. 이 해방적 공간이 때로는 우익 선동의 장소로 흔히 활용되기도 한다. 극단적인 우익 선전이 소셜 미디어를 포함한 온라인 채널에 잘못된 정보로 넘쳐나며 불만을 표출하려는 젊은이들을 끌어들이려 하고 있다. 선정적 주장, 거짓말, 음모론, 반란, 정의로운 행동 등 마치 영화나 게임을 광고하는 문구들처럼 현실에서의 우익 활동을 묘사한다. 그리고 정체성과 소속감을 제공하는 광고 문구로 현혹한다. "반란군 영웅의 일원이 되어 조국의 승리를 앞당기자." "원래의 백인, 가부장적 사회, 기독교 국가로 되돌리자." 그들의 소속은 반란군이고 정체성은 영웅이다. 과거 백인 남성 중심의 사회, 즉 돌아가고 싶은 영광스러운 과거의 고향을 재탈환하는 활동이 극우 활동이다. 이 과정에서 우애나 형제애에 기반한 동질감을 강화하기도 한다.

그런데 이 청년들은 왜 이렇게 극우의 길에 어렵지 않게 들어설까? 그것은 그들이 극우가 되기 쉬운 취약성의 요소들을 갖고 있기 때문이다. 닐란의 연구에 따르면 실업 청년이 직장을 다니는 청년보다 더 우익화되는 비율이 높다. 그리고 인종차별에 대한 차별적 태도가 분명할수록 우익화가 될 가능성이 크다. 둘 다 자신이 누려야 할 권리를 여성이나 이민자들에게 빼앗겼다는 생각으로 이어지는 경우가 많기 때문이다.

일상에서도 극우로 빠지게 되는 경로에 쉽게 노출되어 있다. 가령 한 청년이 인종차별주의자가 되도록 영향을 미치는 요인은 다양하다. 그중에서 가족 갈등의 영향이 크다고 한다. 또 남자다움에 상처를 입은 청년들이 남성성을 극대화하고 회복하기 위해 우익이 될 가능성이 크다. 그리고 극우적 행동을 하는 것이 일종의 통과의례와 같은 문화, 예컨대 여성, 어른 엘리트, 이민족을 공격하는 문화에서 우익 조직 경험이 늘어난다고 한다.

인터넷에서 마치 놀이처럼 혐오와 증오를 즐긴다

우익 조직에 가입하는 또 다른 취약성은 외로움과 함께 약화된 정체성이다. 외로움을 느끼던 사람이 뭔가 대단한 것처럼 보이는 이념을 따르다 보면 큰 무언가의 일부가 된다는 확대된 정체성을 갖게 된다.

또 다른 우익화 부류도 있다. 청소년기와 청년기에 우익화 과정을 겪는 부류 중 일부에게는 우익 이데올로기가 그다지 중요하지 않다. 그들은 자신을 인정해줄 무리, 지지해줄 집단, 자신의 분노를 대리할 리더를 찾는다. 그들에게 중요한 것은 의리, 소속, 조직이다. 한마디로 말하면 '내 편의 사람들'이다. 우연히 내게 잘해주고 좋아해주는 사람이 극우 운동가여서 충성을 바치기로 한 것이다. 이런 유형의 청년들에게 이데올로기에 대한 설득을 통해 도움을 주는 것은 의미가 없고 도움도 되지 않는다.

이렇게 다양한 경로로 극우가 된 청소년과 청년들이 인터넷 세계로 가면 더 거침없는 행동하게 된다. 그들은 인터넷에서 마치 놀이처럼 타인에게 함부로 하는 행위를 문제라고 여기는 의식이 낮다. 그러나 이런 생각은 매우 위험하다. 특히 익명의 게시판에서 신원이 드러나지 않는 경우 감정적 가해를 하기 쉬운 논쟁적 상황에서 극우 청소년과 청년들은 폭력을 행하고 그 심각성을 인지하지 못한다.

일부 극우 선동가들은 주로 젊은 남성 게이머들이 이용하는 채팅 사이트에 침투하여 게임 안에 증오를 퍼뜨리고 또 증오가 게임을 지배하도록 만들기도 한다. 혐오를 조장하고 음모론으로 의심을 증폭시키고 테러와 폭력을 정당화한다. 또 게이머를 인기 없는 동물에 빗대거나 혹은 여성화 혹은 이민자화하여 모욕하거나 욕설을 늘어놓는 일을 즐기고 새로운 욕이나 신조어 등을 만들어 대화를 방해하거나 트롤짓을 하기도 한다. 때로는 원래 작동하던 게임의 법칙을 바꾸어 놓으려고 하는 등의 방식으로 사이버상에서 테러를 가한다. 자신이 누군가로부터 당했던 피해나 증오의 대상이 되었던 경험을 만회라도 하듯 타인을 대상화하고 모욕하는 일에 참여한다. 이 과정을 통해 혐오에 무감각해지고 수치심을 주는 일에 익숙해지면서 증오에 기반한 놀이 그리고 놀이 안에 증오를 담는 일이 빈번해진다.

가입은 쉽지만 탈퇴는 어렵다

우익 조직의 일원으로 지냈던 경험이 있는 청년들을 대상으로 한 인터뷰에 따르면 극우 조직에 가입하게 된 동기는 개인적 관계에 기인하는 경우가 더 많다고 한다. 이처럼 대부분의 사람이 처음에는 개인적으로 알고 있는 사람들에게 유인된다. 게임이나 채팅을 같이하려 할 때 누군가 극우 조직에 초대한다고 한다. 우익화 활동은 이상한 사람들이 하는 것이 아니다. 내 친구, 동료, 친척이 한다는 것이 우익화의 문지방을 넘어서게 한다.

하지만 이런 활동이 사회적으로 노출되고 알려지게 되면 청소년과 청년들은 갈등하기도 한다. 닐란의 분석에 따르면 친구나 동료에게 극우 활동을 하는 것처럼 비춰지거나 그런 활동을 하는 것으로 지목되는 것은 큰 두려움 불러일으킨다. 극우로 지목되었을 때 발생할 수치심, 낙인찍힘, 목적 상실, 정체성 상실 등을 모두 극복해야 하기 때문이다.

극우 조직에서 활동하면서 그 활동의 공격성, 유치함, 일방성 등에 염증을 느끼는 경우도 흔히 있다고 한다. 극우 활동에 참여한 다수가 오래 활동할 것으로 여기지 않는다. 수년 내에 탈퇴를 고민하는 청년들이 많은데 다만 나오지 못하고 있을 뿐인 경우도 꽤 있다고 한다.

극우 활동에 빠진 청년들은 처음에는 선전과 선동의 내용과 활동이 좋았지만 시간이 갈수록 약속이 이루어지지 않는다고 느끼게 된다. 그리고 더 시간이 지나면 희망에 대해 의심하고 가입한 지 얼마 되지 않아 증오, 거짓말, 조작의 양면성, 폭력에 대해 알게 되기도 한다. 또 어떤 청년들은 극우 세력이 저지르는 폭력과 무익한 행동으로 자신의 인간성을 잃을까 봐 두려움에 빠지기도 한다.

탈퇴하기 전에는 차츰 불만이 쌓인다. 또한 반항적인 행동의 짜릿함은 나이가 들면서 사라질 수 있다. 그런데 극단주의 집단의 성격에 따라 입문과 탈퇴가 다르다. 입문보다 탈퇴가 어려운 경우가 많다. 그 이유는 내면의 상황 때문인 경우가 많다. 자신이 정한 입장을 바꾸는 것을 두려워할 수도 있고 깊은 우정의 유대를 잃는 것을 두려워할 수도 있다. 또한 더 이상 어디에도 속하지 않는다는 상실감으로 인해 주저할 수도 있다.

4
기존 질서에 대한
파괴적 욕구가 있다

청년 주식 커뮤니티는 어떻게 극우 커뮤니티가 됐는가

2021년 미국에서 있었던 '게임스톱' 사태[7]를 통해 크게 알려진 월스트리트베츠WallStreetBets라는 미국의 주식 투자 커뮤니티는 주식 시장에만 파급 효과를 일으킨 것이 아니다. 2024년에 출간된 너새니얼 포퍼Nathaniel Popper의 『분노 세대』는 미국의 2030세대가 어떻게 우익 대통령 트럼프를 지지하게 되었는가를 이해하는 통찰을 주기도 한다.

「블룸버그 뉴스」 에디터인 너새니얼 포퍼는 2012년에 한 청년이 만든 주식 투자 커뮤니티 월스트리트베츠에서 청년들이 어떻게 변화했는지를 추적했다. 이 커뮤니티는 매일 장시간 온라인 게시판에서 시간을 보내고 의미 없는 농담, 웃기는 소리, 부적절한 글을 올려 진지함이라고는 없을 줄 알았다. 그런데 어느 날 국가적 차원에서의 금융과 정치에 영향을 미치는 집단이 되었다. 무엇이 그런 구심력이 되었고 이들은 어떻게 정치적 영향을 발휘하게 되었을까?

첫째, 금융위기 이후 절망에 빠진 청년들이 주식과 가상자산 등을 통해 경제적 회생을 희망하는 관심으로 금융 커뮤니티에 모여들기 시작했다. 그들은 대부분 남성이었다. 돈 벌 궁리를 하지만 노동으로 돈을 모으기란 어렵다고 생각하는 무직자를 포함한 다양한 직종의 남성들이 모여들었다. 그들은 PC(정치적 올바름) 문화가 없는 이곳에서 푸념을 늘어놓고 하소연하면서 자신들의 정서적 연대를 만들어나갔다. 저자는 월스트리트베츠가 2015~2016년에 사회에 대한 신뢰를 잃은 젊은 남성들에게 도피처가 되어주며 급성장했다고 본다.

둘째, 이 남성들의 커뮤니티에서 남성의 처지가 어떻게 하락하게 되었는지에 관한 논의의 물결이 일어났다. 실제 미국 사회에서 대학 졸업률, 취업률, 그리고 여러 혜택과 특권이 여성이 더 높다는 것이다. 그래서 남성이 역차별당하고 있다는 여론이 형성되었다. 그들은 가부장제의 전통을 숭앙하지만 정작 자신은 가부장제의 이점을 누리지 못한다고 주장하며 여성을 소수자라 여기지 않은 입장이 대부분이었다.

21세기 들어 미국 사회에서 여성의 학업 성취도가 남성보다 높아졌고 2015년엔 남학생이 여학생보다 대학을 졸업할 확률과 좋은 직장에 취직할 확률이 훨씬 낮아진 것으로 나타났다. 젊은 남성은 또래 여성보다 임금 수준이 낮은 일자리를 구하거나 아예 고용 시장을 이탈할 가능성도 컸다. 그 결과 부모와 함께 살며 비디오 게임을 하고 채팅이나 하며 시간을 보내는 젊은 남성들이 많아졌다. 한 연구팀의 설문 결과 2015년 21~31세 남성의 유급 근로 시간이 10년 전에 비해 12% 감소했으며 다른 인구 집단보다 훨씬 더 가파른 감소세를 보였다. 일하는 시간이 줄어든 대신 컴퓨터 앞에서 보내는 시간은 급격히 늘어났다.[8] 전통적인 남성성인 공격성과 경쟁심보다 협력과 감성지능을 더 우세하게 여기는 시대에 적응하지 못하는 남성들에게 월스트리트베츠는 이들끼리 뭉쳐 세를 과시하는 공간이 되었다.

셋째, 월스트리트베츠는 남성들의 커뮤니티로 자리를 굳게 잡으면서 남성들의 해방구가 되었다. 그간 무직자, 게임 중독자, 사람들과 어울리지 못하는 사회성 없는 인간으로서 비난과 천대를 받으면서 사회에서 도태되어 자괴감에 빠진 젊은 남성들이 스스로를 '찐따'라 희화화하며 집결한 '허무주의의 공간'으로서 정체성이 더 강화되었다. 차츰 그런 분위기가 이 사이트를 지배했다. 사회에서 환영받지 못한 2030 남성들의 내면이 연결되고 그간 쌓여온 내적 공격성이 결집되고 표출되는 공간으로 변화해갔다.

2030 남성들의 눈에 트럼프는 대변자처럼 보인다

월스트리트베츠의 다수 남성은 세상이 불공평하게 돌아간다고 인식하고 있었다. 그 불공평의 핵심은 인종보다는 성별 갈등이었다. 그리고 그들의 이야기를 전혀 예상치 않은 방식으로 자신들의 파괴적이며 농담 섞인 문화와 가장 유사하게 말하는 사람이 나타났다. 그가 바로 트럼프다.

바로 이 대목에서 트럼프를 지지하는 큰 흐름으로 월스트리트베츠가 전환된다. 성별 갈등을 위선적이지 않게 적나라하게 가부장적으로 말해주는 인물이 등장했기 때문이다. 트럼프는 2030 남성을 비난하지 않고 큰 관심을 보이며 부추기는 지도자였다. 월스트리트베츠에서 거침없이 트롤링을 하고 음담패설을 하는 수많은 이용자는 자신들을 주목하지 않는 민주당을 버리고 트럼프로 대거 방향을 선회했다. 이 커뮤니티의 리더들도 트럼프 지지를 선언했다. 그 이유는 트럼프의 정책이나 공약 때문이 아니라 월스트리트베츠가 지향하는 정체성과 잘 맞아떨어져서다.

넷째, 월스트리트베츠의 젊은 남성들은 정책과 공약보다 더 중요한 것은 정체성이라고 생각한다. 분노한 젊은이들에게 이루어지지 않을 거짓 공약을 내세우면서 사진 촬영 후 자신들의 존재를 망각하고 진지한 척하는 민주당 후보에 대한 실망이 아주 컸다고 한다. 그렇지만 2030 남성들이 트럼프의 공약을 자세히 알고 그 정책을 지지하기 위해 트럼프를 지지했다고 보기는 어렵다.

월스트리트베츠의 설립자인 제이미 로고진스키Jaime Rogozinski는 원래 멕시코시티 출신이고 부모님 중 한 분이 미국인이었다. 그가 트럼프를 지지하게 된 또 다른 이유는 이민이나 성차별 정책이 아니었다. 트럼프가 권력과 돈에 따라 움직이는 미국 정치의 부조리를 폭로하는 기존 질서의 파괴자여서라고 했다. 제이미는 오바마에 대한 실망과 민주당에 대한 배신감으로 트럼프에게로 옮겨갔고 그가 가장 원하는 것은 기성 정치와 기존 질서의 해체라고 했다. 여러 이권 단체와 사진이나 찍으면서 부자를 더욱 부자로 만들고 여성, 소수자, 이민자만을 대변하면서 올바른 척하는 그룹과 자신들은 맞지 않는다고 선언한 것이다.

2030 남성들 눈에 트럼프는 자신들의 유일한 대변자처럼 보였다. PC주의의 영향으로 인종과 성별 문제에 대한 건전한 비판마저 금기하는 사회 분위기가 형성되자 2030 남성들은 표현의 자유를 억압한다며 좌파로부터 등을 돌렸다. 그리고 '카리스마 넘치는 마초 영웅' 일론 머스크를 자신들의 롤모델로 삼았다. 그들은 머스크가 헤지펀드와 공매도 투자자들을 '세상 물정 모르는 엘리트주의자'라 칭하며 분노를 표출하는 데 공감했다. '게임스톱 사태'는 이런 배경에서 발발했다.

미국 청년 남성들이 사회와 자신의 삶에 대한 절망감과 허무감을 투자 행위를 통해 극복하려 했다고 본 너새니얼 포퍼의 관점은 우리 청년들을 이해하는 데도 하나의 기준점이 될 수 있을 것으로 보인다.

분노가 담긴 농담이 실제 극우 행동이 되고 있다

극우화 방법은 진지한 정치적 교육이나 의식화 과정을 통해서만 일어나지 않는다. 그중 한 방식이 유머 밈이다. 인터넷에서도 교실에서도 우스꽝스러운 농담, 야유, 풍자, 놀림이 많다. 그것은 모두 '장난'이다. 그저 다 같이 그냥 웃어보자고 한 말이다.

그러나 이렇게 회자되는 가해가 넘쳐나고 있다. 어처구니없고 허무하고 엉뚱한 조합의 유머였지만 알고 보면 그 밑바닥에는 혐오와 의도적인 비하를 유포하고 싶은 욕망이 있다. 이러한 유머 밈은 목적이 불분명한 것처럼 알려져서 분별하기도 쉽지 않다. 그리고 가볍게 사과하면 처벌하기도 어렵다.

유머 밈을 의도적으로 유포하는 사람들도 문제이지만 그것에 동조하는 사람들도 문제다. 동조자들이 결국 학습하는 것은 유포자의 의도다. 즉 동조자도 유포자와 마찬가지로 가해자가 된다. 이러한 밈이 유포되는 과정은 모두 유머, 농담, 심각하지 않은 장난, 우스꽝스러운 행동으로 포장되어 있다. 유머는 조롱의 허가서로 작동한다. 이 조롱의 허가서에는 심각한 차별이라는 독이 묻어 있다.

'역설적 독화Irony Poisoning'라는 개념은 2018년 「뉴욕타임스」 기사를 통해 알려졌다.[9] 본격적으로 연구된 학술 개념은 아니지만 현실에서 다양하고 심각하게 나타나는 주요 현상을 함축하고 있다. 이해하기 쉽게 말하면 역설적 독화란 단지 '장난으로 시작한 일이 예기치 않게 심각한 상태에 도달하는 것'이라고 할 수 있다. 혹은 유머나 농담처럼 말하기 시작했지만 그것을 진담이나 신념으로 받아들이게 되는 변화를 말한다. 「뉴욕타임스」 기자들은 원래 독일 난민 지역의 방화범을 취재하면서 소셜 미디어의 폭력성에 대해 알아보려고 했다. 취재 과정에서 방화범의 휴대폰 자료와 메모 자료들을 얻게 되었는데 그 자료를 통해 난민에 대한 증오가 어떻게 자라났는지를 알 수 있었다.

인터넷만 주로 하면서 집에 처박혀 지내던 방화범은 처음부터 '의식적으로' 난민에 대한 증오를 품고 있었던 것이 아니었다. 그저 인터넷에서 '장난으로' 난민을 놀리는 이야기에 동조하기 시작했을 뿐이다. 하지만 그 이후 농담에 참여하게 됐고 농담이 격해지면서 현실적 인식으로 전환되어 갔다. 그러면서 점차 난민에 대한 현실적 분노가 팽창하면서 급기야 방화를 결심하는 수준으로 적대적 증오와 격분에 이르렀다. 이 과정의 교훈은 간단하다. '농담이 현실이 되는 거리는 아주 멀지 않다.'라는 것이다. 사실 이 현상은 우리에게 새로운 일은 전혀 아니다.

"너 장난으로라도 그런 농담하면 나중에 진짜로 그렇게 된다."
"농담에 뼈가 있는 것 같다."

우리는 이런 말들을 자주 들으며 커왔다. 그런데 이 말이 지금 온라인 커뮤니티와 극우 조직에서 심각한 현실로 나타나고 있다. 지금 여기저기서 분노가 담긴 농담을 퍼뜨리고 그 농담을 극우 행동으로 전환하는 조직적이고 체계적인 역설적 독화들이 등장하고 있다. 사소한 실수, 발견, 농담으로 위장해서 사람들을 의도적이고 반복적으로 선동하고 증오를 부추기는 행동이 늘어난 것이다.

이제 사소한 조롱이나 비웃음을 동반한 농담은 분별해야 하는 세상이 되었다. 하지만 조직적으로 농담이나 유머를 활용하는 선동가들은 자신에게 불리한 순간이 되면 실수였다고 말하고 농담을 너무 심각하게 생각하는 것 같다고 위장의 마스크를 빈번히 쓴다. 역설적 독화 현상은 원래 극단주의자와 테러 연구 분야에서는 종종 이념의 전파나 테러의 전조로 알려졌다고 한다. 하지만 지금 일어나는 소셜 미디어에서의 역설적 독화에 대한 연구는 아직 현저히 부족하다.

우연치 않게 청소년과 청년들의 온라인 게시판에서 자연스럽게 밈으로 선택되는 역설적 독화의 과정부터 의도적이고 조직적으로 유포되거나 또는 세련된 직업적 코미디언의 실수, 유머, 풍자로 활용되는 것까지 스펙트럼이 다양하다. 최근에 일론 머스크를 포함한 몇몇 정치인과 기업가들이 나치와 유사한 행동을 한 뒤에 농담, 풍자, 실수였다고 말했다. 하지만 이것은 그 의도를 탐구해야 하는 역설적 독화 행동으로 볼 수도 있다.

그런 의미에서 역설적 독화를 극우와 극단주의자들이 활용하는 심각한 신념 표출 행위로 우려스럽게 바라보는 연구자들도 있다. 미국의 극우 미디어를 연구하는 토머스W. F. Thomas는 이런 행위를 신념 행위로 봐야 한다고 못 박았다. "역설적 독화는 신념이 진실해지는 과정의 한 단계로 봐야 한다. 우스꽝스럽고 장난스러워서 진지한 것이 아니라고 하지만 앵무새처럼 따라 하면서 물들고 있고 전파하고 있다. 물론 그들은 이 과정을 '단지 농담'이라고 주장한다."[10]

혐오나 차별 발언은 무의미한 실수인 것처럼 보일 수도 있지만 또한 누군가의 진심 어린 신념일 수도 있다. 유머, 농담, 실수를 빙자한 혐오 발언도 많다. 반복적이고 의도를 확인할 수 있을 때는 더 그렇다. 그런데 그런 유머와 농담을 처음에 아무 생각 없이 따라 하기 시작한 사람들에게도 역설적 독화 현상이 일어난다. 결과적으로는 매우 세련된 대중 선동인 셈이다.

3장 마음의 극우화를 이해하는 이론 1
: 지위 위협 이론

1
기존 지위를 잃고 있다

영어, 백인, 남성, 기독교의 지위가 위협받고 있다

재선된 트럼프의 행보와 그의 파트너가 된 일론 머스크의 행동은 충격의 연속이다. 그동안 미국 사회가 이루어온 사회 계약을 파괴하고 있기 때문이다. 민족의 용광로로서 이민자들이 단결해서 민주주의를 이끌어온 세계의 중심 미국은 이제 사라졌다. 트럼프 정부는 백인 중심, 영어 중심, 남성 중심의 기독교 사회로 회귀하는 정책을 일방적으로 집행하고 있다.

영어 이외의 서비스를 중단하라는 대통령 명령은 그간 스페인어를 통해 많은 도움을 받아온 히스패닉 이주민들에게는 너무도 갑작스러운 충격이었다. 연이어 높은 관세 부과, 이동을 금지하는 장벽, 공무원 해고 등이 계속되고 있다. 하루아침에 세상이 바뀌었다.

더 큰 충격은 일론 머스크의 나치식 인사였다. 지난 제2차 세계대전 후 국제 관행에서 수용하기 어려운 행동이 서슴지 않고 벌어졌다. 그리고 그런 행동을 하고도 버젓이 버티고 있다.

미국에서 2000년대를 넘어서면서 극우 집단이 증가하고 트럼프가 지지받는 심리적 배경은 무엇일까? 미국 사회에서 진보에 대한 반동의 정치가 급증하는 것을 어떻게 설명할 수 있을까? 그간 많은 전문가가 보수를 넘어선 우익 진영의 출현과 경제적 위협이 가장 큰 반동화의 원인이라고 주장했다. 그런데 일부 연구자들은 그것만으로 설명이 어렵다고 주장했다. 특히 트럼프 집권의 배경이 된 우익화된 집단을 분석한 결과 백인 빈곤층만이 아니었다. 망가진 미국 제조업에 종사하는 저소득층 노동자만 진보적 민주주의를 배신한 것이 아니었다.

현재 미국 우익 운동의 중심에는 백인, 남성, 기독교, 고졸이라는 네 가지 요소가 핵심적인 힘이 되었다. 그들은 보수적 정치노선을 넘어서 반동적이라고 불릴 행위를 허용하고 있다. 위계가 분명한 백인 남성 중심의 기독교 사회로 돌아가기 위한 선회를 추진하고 있다. 이런 변화의 배경을 캘리포니아대학교 로스앤젤레스캠퍼스UCLA의 정치학자 맷 바레토Matt Barreto와 샌타바버라캠퍼스UCSB의 정치학자 크리스토퍼 파커는 '지위 위협Status Threat'이라는 개념으로 극우 현상을 설명하고 있다.[1]

미국에서 위기감과 위협감을 느끼고 자신의 일상생활에 변화가 생겼다고 느끼게 하는 가장 큰 문제는 국가 권력의 주체와 인종 문제라고 한다. "누가 이 나라를 피 흘리며 세웠는데 나중에 와서 이득을 보면서 설립자들에게 위협을 가하고 있는가?" 이것은 반공을 외치는 우리나라 태극기 부대 어르신들에게 듣는 이야기다. '대한민국 국민들이 전쟁으로 이 나라를 지켜냈는데 빨갱이들이 다시 빼앗아 가려고 한다.'라는 위기의식은 그분들에게 잠재된 의식이다. 그리고 일부 청년층에서도 이런 의식이 최근 발견되고 있다.

지위 위협 이론의 핵심은 설립자의 전통과 방식에 변화가 생기고 있다는 위협감이다. 이것이 실존적, 실증적 위협이 되고 있다는 근거는 미국 인구 구성의 변화에서 나타난다. 이제 미국은 백인이 머지않아 50%에 미치지 못할 것이다. 미국 인구조사국은 2045년이면 비히스패닉 백인 인구가 50% 아래로 떨어질 것으로 예측한다. 히스패닉, 아프리카계 미국인, 아시아계 미국인이 합쳐서 50%가 넘어서게 된다. 백인 주류 사회의 현실적 종말을 앞두고 있다.

주인이 바뀐다는 대교체론이 차별과 탄압 조치를 하게 된다

지위 위협 이론의 근간이 되는 심리적 위기에는 주체가 바뀌는 위기의식 말고도 상실하게 될 온갖 특권에 대한 박탈감도 강력하게 작용한다. 그에 따라 자신들이 주류에서 변방으로 밀려날 것이라는 소외 의식도 당연히 발생한다.

"백인에서 유색인종으로, 기독교에서 다양한 종교로, 영어에서 다양한 언어로 바뀌면서 근본이 바뀔 것이다. 여기에 보태 남성에서 여성으로, 이성애에서 동성애를 포함한 다양한 형태의 성적 관계로 바뀔 것이다."

이러한 대교체론은 음모론의 근간이 된다. 대교체를 위해 조직적 이민과 혼인이 있고 문화적 의식화 전략이 있다는 것이 음모론의 기본적인 내용이다. 온갖 다문화적 접근을 통해 백인에게서 권력을 찬탈하기 위한 과정이 지금 나라 곳곳에서 벌어지고 있다는 음모론을 믿는 사람들은 미국 백인들 사이에 뜻밖에 많다. 영화에서나 다뤄지던 딥 스테이트Deep State[2] 이야기나 소아성애자 좌익 엘리트 정부 지배설 등을 믿는 미국 공화당 지지자들이 절반을 넘고 민주당 지지층에서도 30%에 육박하는 현실이다.

우리나라에서도 대교체론의 음모론이 일부 집단에서 전파되고 있다. 현재 우리나라에서 부정선거나 중국 조종설을 믿는 사람들이 일정한 비율로 존재한다. 지식인층에도 있다는 사실이 놀랍다. 하지만 이런 위기의식은 지배 계층에 있는 사람들에게 드물지 않다. 정권이 김대중에게 넘어가면 북한이 내려오고, 정권이 노무현에게 넘어가면 북한이 넘어오고, 문재인은 북한에 나라를 팔아먹을 것이라는 식의 근거 없는 대교체에 대한 위기의식은 늘 있었다.

결국 지위 위협에 따른 음모론에 빠져들면 차별과 탄압은 필수적 조치가 된다. 그래서 미국은 지금 타 인종에 대한 권한 박탈, 지위 제한, 접근 금지를 시작했다. 다시 인종차별과 정치적 차별이 확대되고 있다. 이민뿐만 아니라 국가 간 교류에도 많은 차별이 생기고 있다. 결국 지위 위협은 인종차별주의의 시작이고 국제 교류에 차별이 본격화되었음을 알리는 신호다.

중심에서 밀려난 백인들은 과거 다민족 다문화를 위해 배려한 여러 정책으로 역차별받게 됐다고 느끼고 있다. 그들은 배려 차원에서 실시된 정책이 모두 중단되어야 한다고 주장한다. 더불어 다른 인종과 민족도 자신들과 같은 책임을 져야 한다고 강조한다. 자신보다 잘사는 인종과 민족을 원조하거나 지원할 때가 아니고 오히려 그들에게 그간의 원조와 지원에 대한 보답을 받아야 할 때라고 생각한다. 고마움도 모르는 타민족과 타인종에 대한 자선과 지원은 중단해야 하고 미국의 희생 없는 역할 재정리와 분담이 있어야 한다고 본다. 백인에 대한 역차별과 비백인에 대한 특례와 지원은 곧 종말을 기할 것이다. 이런 온갖 지원 제도에 대한 분노가 일상에서 표출되고 있다.

앨리 러셀 혹실드Arlie Russell Hochschild의『자기 땅의 이방인들』에도 전형적인 역차별로 인한 분노에 찬 대화가 소개되어 있다.[3] 간략히 정리하면 이런 내용이다. "한 아프리카계 미국인은 중고교뿐만 아니라 대학까지 국가의 지원으로 마쳤는데 졸업 후 직업을 구하지 못했다. 그런데 그는 최근에 다시 복지 혜택을 주장하고 있다. 그 앞자리에서 함께 맥주를 마시고 있는 나는 가난해서 대학 근처도 가지 못했고 현재 공장에 다니면서 일하고 있는데 가난한 백인 부모님들은 늘 자신들은 국가의 지원 대상이 아니라고만 했다. 죽도록 일하며 살았던 내 부모가 낸 세금이 온갖 이민족의 여유를 누리는 데 사용된다는 현실에 분노한다. 나는 트럼프가 아니면 지지할 수 없다."

이민자와 좌파 엘리트들이 미국을 주도하고, 무슬림과 가톨릭신자가 늘어나고, 동성애자들이 넘쳐나면서 백인은 온갖 역차별을 받아 지배 집단에서 밀려날 수밖에 없다고 생각하는 백인 고졸 남성이 증가하는 것도 미국 우익 진영 확대의 한 흐름이다.

우리나라도 남성과 여성 사이의 역차별 문제에 젊은 남성들이 민감해져 있는 상태다. 남성들의 역차별 주장과 여성들의 성 격차 주장이 공존하고 있다. 남성들의 우익화가 역차별과 관련 있다는 인식과 함께 지혜로운 접근이 필요한 때다.

트럼프의 선거 캠페인인 "미국을 다시 위대하게Make America Great Again"에서 미국은 모두의 미국이 아니다. 지위 위협을 받는 백인들의 세상을 되찾자는 뜻이다. 고령의 백인 남성이 말하는 "옛날이 좋았다."에서 옛날은 '가부장적, 남성 중심, 기독교 중심, 가족 중심, 지역 중심'의 사회였던 시대를 말한다. 그리고 미국이 세계의 중심에 있었던 때다. 그들은 그때의 미국으로 돌아가기 위해 전복적이고 폭력적인 방식의 노력이라도 해야 한다고 주장한다. 이러한 강력한 반동성을 갖는 미국의 정치 세력들이 전 연령대에서 나타나고 있다.

문제는 위대한 미국을 만드는 과정을 미국 공화당은 과연 책임질 수 있느냐는 것이다. 기존의 미국 공화당은 불가능하다. 준법정신이 투철한 공화당 엘리트 정치인들에게 기대하지 않아 탄생한 것이 보수주의 정치 운동인 '티파티 운동Tea Party Movement'이다. 공화당 국회의원들도 민주당과 별반 차이 없이 의회 안에서 그들만의 이익을 추구하는 집단이라는 인식이 미국 극우 진영, 극우 유튜버, 극우 미디어 그룹, 기독교 우익 집단 안에서 크게 작동된다.

우리도 비슷한 맥락을 가진 집단이 있다. 이들은 우리나라의 가장 위대한 시기를 박정희 대통령이 가난을 끝냈던 새마을 시기라고 한다. 그 영광의 시기를 기억하는 이들 덕분에 박정희 대통령에 대한 숭배가 작동해서 그 딸까지 대통령을 하기에 이르렀다. 우리나라 우익 집단의 위대한 대한민국 만들기는 경상도, 반공 세력, 기독교 우익, 친일 세력, 군부 세력의 회귀에 있지 않나 싶다. 독재시대가 좋았다고 생각하는 세력들이 있기에 계엄과 내란을 시도할 수 있었던 아닐까? 그리고 독재시대를 지배했던 남성, 가부장제, 기독교, 군부의 부활을 지지하는 극우 세력들이 유튜브, 케이블 방송, 일부 사이비 기독교와 산하 재단의 학교들과 함께 극우 반공운동을 펼치고 있다.

미국 중산층 백인 남성은 지위 상실 공포로 극우가 됐다

현재 미국 중산층 백인의 삶을 빼앗고 지위를 위협하는 문제는 어떻게 만들어지는가? 파커는 지위 위협 이론에서 핵심 작동 기제로 세 가지를 든다. 첫째는 백인들에 대한 불공정과 불공평이 실제적으로 있다고 느끼는 위협이다. 둘째는 온갖 불공정과 불공평이 발생하는 이유에 대한 사회적 편집증과 집단적 편집증의 확산이다. 셋째는 강화되는 인종차별주의와 백인 민족 중심주의적 조치들이다.[6]

미국의 일부 중산층 백인들은 지위 위협에 대한 상실감, 박탈감, 분노를 해결하기 위해 직접적인 행동을 취하고자 하고 미국의 역차별적 제도에 대한 전복적 철폐를 지지한다. 때로는 불법한 행동에도 동조한다. 지위 위협으로 인한 반동적 극우가 급속히 전개된 것은 다음의 영향이 크다고 분석하고 있다. 우선 버락 오바마가 백악관에 입성한 최초의 비백인 남성으로 선출된 것이다. 이 사건은 그 자체가 변화로 인식되는데 이와 더불어 여성, 이민자, 동성애자의 권리가 신장되었다. 미국 백인들은 비백인 대통령, 여성, 이민자, 동성애자의 권리 신장이 급속하게 이루어진다는 사실에 큰 위협을 느꼈다. 그 과정에서 미국 백인들의 이상처럼 여겨졌던 모습, 즉 '일하는 아빠, 집안일 하는 엄마, 교회에 출석하는 온 가족, 사랑과 희망이 넘쳐나는 이성애, 기독교, 백인 공동체'가 상실되고 있다고 우려하는 것이다. 백인들의 아메리칸드림이 무너지고 있다는 것이 미국의 빠른 우익화의 이유이기도 하다. 타인종, 타민족이 미국에 와서 아메리칸드림을 이루는 사이에 백인들의 아메리칸드림이 사라지는 것을 좌시할 수 없다는 강력한 입장을 표명한 것이다.

백인들의 꿈이 사라지면 어떤 일이 벌어지는가? 그것은 '그간 인류가 추구하면서 이루어온 가장 큰 진보를 상실하는 것'이다. 백인우월주의 입장에서 백인들의 꿈이 끝나는 것은 세상의 가장 좋은 것이 사라지는 것이다. 그리고 백인이 우월하게 된 진보를 가능하게 한 것은 하나님이 백인들을 축복하고 신성하게 여겼기 때문이라고 생각한다.

극우 사고의 배경에는 나치와 마찬가지로 특정 집단의 우월주의 사상이 담겨 있다. 그리고 이 사상을 지지하는 것이 패권적 기독교 중심주의다. 미국도 우익화의 배경에는 특정 기독교들과의 연합이 큰 힘이 되고 있다. 미국 기독교가 몰락화의 길에 접어들면서 기독교의 재부흥을 위한 과정에는 정치적 극우의 지원이 필요했다. 극우의 보수적 가치는 특정 기독교의 교리를 통해 지지되기도 한다. 그래서 극우와 일부 기독교의 협력과 연합이 가능했다. 전통적으로 미국 기독교계는 이민 초기 시절에 가톨릭 이민자 증가에 대한 반발을 정치적으로 표출한 적이 있다. 그리고 동성애를 반대하면서 지위 위협의 중심부에 존재했다.

"아메리칸드림의 종말을 재촉하는 것은 누구인가?" "어떤 악당들이 미국 백인들의 꿈을 망치려 드는가?" 이 질문에 대한 답을 찾는 미국인들의 경험 중 하나가 매카시즘이었다. 냉전 시대에 미국의 우익을 방해하는 세력으로 지목하고 색출해서 제거한 세력이 좌파와 공산당이었다. 그렇다면 지금은 누구인가? 지금은 그때보다 제거할 세력들이 많아졌다. 이민자, 여성, 동성애자, 좌파, 비백인이다. 이것을 트럼프가 선동한다.

"미국의 주인은 누구입니까? 미국의 땅에서 누가 주인 행세를 합니까? 우리 땅에서 누가 도둑질합니까?"

트럼프는 국민들을 선거까지 도둑질당한 피해자이자 박해받는 자의 위치에 세웠다. 그리고 자신이 빼앗긴 것을 되찾아오는 십자군 전쟁의 구세주가 되겠다고 나섰다. "빼앗긴 것을 되찾아와서 당신을 주인으로 만들어 주겠다."라면서 "당신을 위대한 나라의 따뜻한 가정의 가장으로서 그 권위를 다시 세워주겠다."라는 주장을 반복한다. 이 내용 없는 선동이 백인 사회의 가슴을 훈훈히 적셨다. 도둑 같은 이민자, 타인종 사람들을 비난하며 타격하라고 할 때 사람들은 죄책감 없이 그들을 공격하게 된다.

정치학자와 철학자들은 위대한 미국을 되찾자는 트럼프의 구호는 지극히 단순하고 내용이 없다고 평가한다. 하지만 그 단순한 내용이 감정을 건드리고 꿈을 되살리고 심장이 다시 뛰도록 하는 선동으로서 큰 영향을 발휘한다. 박해받는 자에게 권리를 되찾아주어 세상을 정의롭고 공평하게 만들겠다는 극우 선동가들의 감정적이고 선동적인 연설에 특히 박탈감이 큰 사람들이 큰 영향을 받고 충성을 맹세한다. 그 세력 중에 젊은 남성들이 큰 비중을 차지한다.

지위 위협이란 주인의 지위를 빼앗길 위협이다. 이 위협을 곳곳에서 느낄 때 사람들은 반동적이고 방어적인 행위를 한다. 지위 위협을 느끼는 사람들은 쉽게 음모론에 빠져 제거해야 할 세력을 색출해서 공격하게 된다. 바레토와 파커는 극우가 되는 것은 단지 일자리를 잃어서가 아니라 포괄적인 지위의 상실에 대한 위협을 느껴서라고 강조했다. 특히 이런 지위 위협으로 인한 문화적 변화가 계몽, 교육, 캠페인을 통해 준비 없이 빠르게 일어날 때 이 위협에 대한 더 큰 반동적 행동들이 일어날 수 있다고 했다.

2
문제는 이성이 아니라 감정이다

미국 내 극우 혹은 우파의 정서적 본질을 소개하는 자료로 앨리 러셀 혹실드의 『자기 땅의 이방인들』은 깊은 가치를 지니고 있다. 앨리 러셀 혹실드는 감정 사회학이라는 새로운 영역을 열었던 위대한 연구자이다. 그녀는 우파의 중심부인 루이지애나를 왕래하며 주민들이 극우화가 된 내막과 함께 마음속 깊은 이야기들을 끌어올렸다.

그녀는 5년 동안 10차례에 걸쳐 루이지애나를 방문해 우파의 핵심 지지자 40명과 관계자 20명을 만나 4,690쪽의 기록을 남겼다. 그녀가 만난 사람들은 다양했다. 배관공, 공장 기사, 자동차 정비사, 트럭 운전사, 전화 수리공, 회계사, 전업주부, 판매원, 건축 도급업자, 우체부, 학교 관리인, 복음성가 가수 등이다. 낚시 모임, 요리 대회, 오순절교회 예배, 트럼프 선거 유세에 함께했다. 그리고 학교, 정당 모임, 싱크홀 발생지, 석유 유출이 일어난 습지를 드나들면서 그들의 깊은 속내를 탐구했다. 미국에서 가장 못 살고 가장 많이 환경 파괴가 일어나는 루이지애나이기에 사회복지 지원과 기후 환경 위기에 대한 대책이 필요한 그곳에서 왜 가장 뜨거운 강경 우파의 지지와 트럼프 환호가 일어날까? 이 알 수 없는 역설이 일어나는 이유는 무엇일까? 혹실드는 이성적으로는 이해할 수 없는 감정과 문화의 문제를 통해 그들을 이해하고자 시도했다. 그녀의 핵심 관점인 감정사회학의 도구를 이용해 루이지애나 주민들의 깊은 이야기를 들려준다.

깊은 이야기 1 상실과 박탈
- 미국을 잃고 있다

혹실드가 루이지애나 주민들을 만나 들은 이야기들의 조각을 맞추어보면 다음과 같다. 그들의 강경 우파 지지와 극우 활동의 첫째 이유는 상실과 박탈감 때문이다. 그들은 단순히 잃은 것이 아니라 빼앗기고 있다는 생각에 시달리는 것 같았다. 루이지애나의 극우적 분위기를 이끄는 주체는 '기독교를 믿는 백인 저소득 노동 계층 또는 중간 계층 남성'들이다. 루이지애나 백인 노동자들은 특히 오바마의 대통령 당선 이후 더 강해진 상실과 박탈감에 시달리고 있는 것으로 보였다.

그들은 앵글로색슨계 백인이 처음 미국에 이주해서 갖게 된 아메리칸드림이 상실될 뿐만 아니라 그들이 피 흘려 지킨 미국이 소멸되는 것에 대한 저항의식이 컸다. 백인 중심의 미국이 상실될 위기에 처했다는 불안이 큰 위협으로 작동하고 있었다. 그리고 유색인종과 이민자들이 사회적 지원과 복지 지원에서 새치기하는 문화가 생기고 온갖 소수자에 대한 우대 정책은 백인이 만들어낸 재화를 탈취해 간다고 생각한다.

　루이지애나에서 극우 운동의 핵심 조직인 티파티[5]는 주로 백인, 시골 출신, 기독교인, 토착민, 남성으로 구성되었다. 티파티 구성원들은 미국이 다양해지고 풍요로워지는 것이 아니라 정체성을 알 수 없는 나라가 되어가고 있고 그 과정에서 원주인인 백인 미국인의 자리가 계속 사라지고 있다고 믿고 있다. 이들은 이민자와 엘리트들에 대한 적극적 우대 정책, 현금 지원, 고등교육 보조금과 같은 프로그램들에 대해 자신들이 힘들게 번 돈을 빼앗아 다른 사회집단(비백인 집단)에게 퍼주는 불공정한 정책이라고 여긴다.

　토크라디오와 폭스뉴스와 같은 우익 방송들이 전하는 선동에 의해 상실감과 박탈감이 더욱 증폭되고 있다. 우익 방송들은 정부 돈으로 호화로운 생활을 하는 소위 '복지 여왕'[6]을 고발하고 좌파적 복지정책의 부정적 측면을 확대해 해석하고 과장해 전달한다. 이 과정에서 티파티 구성원들은 자신들을 생계를 위해 묵묵하게 열심히 일하는 어리석은 사람들이라고 믿는 반면에 비백인 집단의 영악한 사람들은 정부 돈으로 혜택을 갈취하며 지낸다는 감정에 시달린다.

결국 유색인종이 백인들의 아메리칸드림을 부수고 백인들의 지위를 빼앗고 있다고 확신한다. 그리고 아메리칸드림을 만들어왔던 백인들의 명예와 도덕이 존중받지 못하고 있다고 느낀다. 존중받지 못하는 정도가 아니라 모욕한다고 느껴 분노로 들끓고 있다.

더군다나 대교체론과 같은 현실적인 문제와 우파 유튜버들의 음모론이 모두 작동하면서 상실과 박탈에 대한 불안이 증폭되었다. 미국 백인 인구의 비율은 갈수록 줄어드는 반면 유색인종의 비율이 늘어 비교적 머지않은 시간 안에 유색인종이 미국의 지배자가 될 것이라는 두려움이 커지고 있다. 백인 우월주의를 표방하는 사람들은 더 그렇다. 그런 점에서 루이지애나 주민들의 감정적 본질은 인종주의의 재부흥이라 할 수 있다.

깊은 이야기 2 또 다른 상실과 박탈
- 종교와 가부장제를 잃고 있다

루이지애나의 티파티 운동에 참여하는 사람들을 포함해 극우 지지자들의 또 다른 깊은 이야기도 상실과 박탈에 관한 것이다. 아메리칸드림뿐만 아니라 전통적 가치인 종교, 즉 기독교, 그 문화, 가부장적 전통에 대한 상실과 박탈도 깊은 불안이자 분노다.

권위적이고 근본적인 기독교가 확고하게 자리한 루이지애나 사람들은 민주당 집권 이후 국가와 기독교 간 유대가 약해지고 있음을 걱정한다. 또한 거부감이 큰 동성애를 포함한 성문화가 확대 허용되고 불교와 이슬람교 등 다양한 종교가 확대되는 분위기에 두려움을 느낀다. 미국 중산층 백인 가정의 상징인 기독교에 기초한 가부장 문화보다 무교에 기초한 성평등 문화가 확대되는 것에 대한 위협감도 크다.

 미국의 전통을 지닌 가정과 교회가 파괴되는 원인은 좌파, 민주당, 엘리트, 이민자들 탓이라고 생각한다. 그래서 이런 파괴에 대한 저항이 마음속에 자리하고 있었다. 이런 불만이 폭발할 기회를 좀처럼 얻지 못했다. 그러다가 트럼프가 마침내 그 뚜껑을 열었다고 볼 수 있다. 민주당과 이민자들에 대한 강한 저항이 조직되지 못했지만 이제 부끄러움을 버리고 과감한 주장이 넘쳐나고 있다.

 기독교 가부장 문화의 밑바탕은 사실 남성 우월주의다. 미국 극우의 기초로서 백인 우월주의에 남성 우월주의가 결합하고 있다. 인종 문제로 인해 성 정체성 문제가 다소 가려진 것뿐이다.

깊은 이야기 3 경멸에 대한 분노
– 엘리트 집단에게 염증을 느낀다

 혹실드가 전하는 이야기를 정리하면서 세 번째로 만난 깊은 감정의 이야기는 분노에 관한 것이다. 루이지애나 주민들은 과연 누구와 어떤 활동에 강하게 분노하고 있을까?

 분노의 화살이 향하는 주요 집단은 연방 정부와 지배 엘리트들이다. 연방 정부와 지배 엘리트들이 자신들의 입장이나 주장을 비웃고 경멸하고 지적하는 것에 분노하고 잘난 척하는 문화에 강하게 반발한다. 그리고 논쟁과 지적질에 대해 신경질적으로 염증을 느낀다고 한다.

진보파, 좌파, 지식인, 엘리트들은 그동안 루이지애나 시골의 고졸 백인 노동자들을 향해 '백인 기득권 세력' '인종차별주의자' '동성애 혐오론자' '환경파괴자' '저학력자'라며 경멸의 감정을 드러내왔다. 그들은 루이지애나 백인 주민들이 중요하게 여기는 가치와 대도시 지식인들이 중요하게 여기는 가치 체계가 다르다는 것을 인정하지 않았다.

강경 우파뿐만 아니라 다수의 보수주의자는 환경 문제나 인권 문제에 대한 의식이 부족해서가 아니라 가치의 우선순위가 다른 것이라고 주장한다. 현재 그들에게 더 중요한 가치는 신앙과 전통적인 가족을 지키는 것이고 그 가치를 옹호하는 정치집단과 정당을 지지할 뿐이라고 말한다.

그동안 연방 정부와 엘리트들의 경멸, 무시, 정치적 올바름과 그 주장에 대해 소극적으로 반응해오던 기조를 버리고 적극적으로 대응하게 된 이면에는 온라인 커뮤니티의 등장, 극우 유튜버들의 저항과 주장, 트럼프의 선동 등에 힘입은 바가 크다. 샤이하고 움츠러든 숨은 보수주의자가 아니라 자신들의 가치를 선동 선전하는 적극적인 우파 혹은 극우 활동가로 변신하기 시작했다.

그들은 이제 무시당하지 않고 반격하게 되었다. 연방 정부의 관료들과 좌파 엘리트들의 훈계를 듣지 않겠다는 문화적 변혁이 내부에서 일어나기 시작했다고 평가하기도 한다.

깊은 이야기 4 새치기에 대한 분노
– 큰 정부가 가장 문제다

신자유주의를 도입하면서 작은 정부론을 주장한 미국의 레이건 전 대통령은 "문제는 바로 정부"라고 말했다. 이때의 정부는 거대한 권력을 가진 중앙집권적 연방 정부를 말한다. 큰 정부는 예산을 낭비하고 복지를 확대해 개인의 재산을 침해하고 비대해진 권력으로 개인의 자유도 축소한다고 주장했다.

루이지애나의 티파티 신봉자들은 중앙집권적 연방 정부를 혐오하고 있었다. 그들이 큰 정부가 문제라고 생각한 이유는 세 가지다. 첫째, 큰 정부는 종교적 신앙의 역할을 축소하거나 위축되게 한다. 둘째, 정부를 유지하기 위해 세금을 지나치게 많이 걷는다. 셋째, 지방의 중요 토호 세력의 영향을 줄여서 체면을 깎아내린다.

특히 그중에서도 정부의 보조금 지급과 복지 지원에 대한 문제의식이 가장 컸다. 그들은 부를 만들어내는 사람들과 그 부를 가로채는 사람들을 '메이커maker'와 '테이커taker'로 부른다. 열심히 일하는 메이커가 정부에 의존하는 게으른 테이커에 의해 희생되고 착취당한다고 본다. 복지정책의 공정성에도 문제가 있다고 보는데 우파들이 흔히 문제 삼는 것은 '새치기하는 사람들'이다.

마땅히 복지 지원을 받아야 하는 사람들은 뒤로 밀리고 이민자, 유색인종, 일하지 않는 여성과 청년이 여러 복지 지원금, 교육 보조금 등을 우선 지원받는 것을 새치기하는 문화로 바라본다. 이 지원의 기준을 세운 연방 정부는 받을 자격이 있는 사람을 희생시킴으로써 받을 자격이 없는 사람의 편에 서기를 밥 먹듯 한다는 점에서 분노의 대상이다.

우파 지도자들은 열심히 일하는 것을 촉구하지 않는다. 일하지 않고도 혜택을 받게 하는 사회를 비난한다. 일하지 않는 자에 대한 지원은 자연의 질서에 어긋나는 것이라고 비판한다.

깊은 이야기 5 이질감
- 완전히 다른 세계에 살고 있다

혹실드가 루이지애나 주민들을 만나면서 느낀 놀라움 중 하나는 폭스뉴스, 유튜버, 온라인 커뮤니티의 강력한 영향이었다. 제대로 된 상식과 논리를 가진 사람들로서는 도저히 인정하기 어려운 온갖 음모와 낭설들을 극우 유튜버들이 실어 날랐고 이 망상들을 주민들은 현실로 받아들이고 있었다.

그녀가 대화를 나눈 루이지애나 주민들은 완전히 다른 세상에서 살고 있었다. 극우 유튜버와 우파 방송이 사람들을 완벽하게 세뇌하고 입장을 갈라놓을 수 있음을 경험하면서 영국의 소설가 조지 오웰의 『1984』에 등장하는 빅브라더가 사상과 언론을 통제한 정책이 현실에서 가능하다는 생각이 들었다고 한다. 그녀가 살고 있는 버클리와 루이지애나 사이에는 눈에는 보이지 않는 크나큰 장벽이 있었다. 지금 당장 만나서 대화를 나누면 서로에게 공감하기란 너무 어려운 상태라는 것을 깨달았다. 매일 일어나자마자 우파 방송을 켜고 하루를 시작하고 낮에도 일하면서 틀어두고 종일 들다가 잠이 드는 생활을 오래 하면 무의식적으로라도 우파의 주장을 지지하게 될 수도 있을 것이다.

깊은 이야기 6 공감 불능
- 경제가 아닌 문화와 감정의 문제다

혹실드는 루이지애나 주민들을 만나면서 공감할 수 없는 큰 장벽을 느꼈다. 이성적이고 논리적인 분석을 하기보다는 내면의 이야기를 듣는 것에 초점을 맞추면서 우파와 좌파의 정치적 나뉨이 이성이 아니라 감정의 산물임을 깨달았다고 한다. 극우의 출현은 단지 일자리와 그로 인한 경제적 문제만이 아니라 미국 남부의 문화가 담긴 깊은 서사와 관련이 있다는 것도 알게 된다. 그들은 자신의 감정을 대변하는 정치인을 지지하며 이러한 감정적 유대는 강한 정치적 결속력을 형성한다.

그녀는 우파를 이해하려면 우파와 극우파에 소속된 사람들이 단지 편견과 증오로만 동기를 부여받는 것이 아니며 교육받지 못했거나 문화적으로 세련되지 않은 것도 아니라는 것을 알아야 한다고 주장한다. 그들은 자신들의 정치적 신념과 분노가 미국 주류 문화에서 소외되고 버림받았다는 느낌, 즉 자기 땅에서 이방인처럼 느껴온 지난 시간이 누적된 탓이라고 주장한다. 경제, 사회, 문화에서 밀려나면서 점차 소수자가 되는 상태에서 이제 상실과 박탈, 분노만 남게 되었을 때 선택할 수 있는 정치 행동이 극우 활동일 수 있다는 것을 루이지애나 주민들의 깊은 이야기를 들려주며 보여주고 있다. 혹실드의 『자기 땅의 이방인들』에서 중요한 두 단락을 인용한다.

"당신은 자기 땅에 사는 이방인이다. 당신은 남들 눈에 비치는 당신 모습을 인정하지 않는다. (…중략…) 당신은 존중받기 위해 일터에 의지한다. 그렇지만 받는 임금은 쥐꼬리만 하고 일자리는 불안하다. 그래서 존중받을 수 있는 다른 원천으로 눈을 돌린다. 인종 때문에 추가 점수를 받지 못한다. 성별로 눈을 돌려보지만 당신이 남자라면 마찬가지로 추가 점수를 받지 못한다. 만약 당신이 이성애자라면 결혼한 이성애자 남성이라는 사실을 자랑스럽게 생각하겠지만, 이런 자부심은 이제 동성애 혐오의 잠재적 표시로 보인다. (…중략…) 당신 같은 사람들, 곧 백인, 기독교도, 노동 계급과 중간 계급은 인구학적인 면에서도 자부심이 줄어든다. 이 집단은 수가 줄어드는 추세이기 때문이다. (…중략…) 당신은 크게 외치고 싶은 마음이 든다. "나도 소수자에 속한다고!" (…중략…) 당신은 당신의 존재와 당신이 실제로 한 모든 일을 인정받고 싶다는 강한 욕망과 '가련한 인생들'의 대열에 합류할 수 있다는 공포 사이에서 옴짝달싹도 하지 못한다. 당신은 이런 하향 이동하는 세력들에 맞서 일어서고 싶어 한다. 당신하고 똑같은 내면의 목소리를 지닌 당신 같은 사람들로 구성된 정치 운동이 있다. 이 운동은 티파티라고 한다."[7]

"마치 성냥불을 켜기 전에 불쏘시개를 쌓아 놓은 듯 트럼프가 부상할 수 있는 무대가 마련돼 있었다는 사실을 알게 된다. 세 가지 요소가 이미 결합돼 있었다. 1980년 이래 나를 만나 이야기를 나눈 거의 모든 사람이 경제적 지반이 불안정하다고 느꼈다. 이런 사실 때문에 그 사람들은 '재분배'라는 사고 자체에 저항했다. 그 사람들은 또한 문화적으로 주변으로 밀려났다고 느꼈다. 미국 곳곳의 미디어들은 낙태, 동성 결혼, 성별 역할, 인종, 총기, 남부연합 깃발에 관한 티파티 지지자들의 생각을 모두 뒤떨어진 견해로 희화화했다. 그리고 그 사람들은 인구학적 쇠퇴의 한끝을 감지했다. 마돈나는 내게 이렇게 말했다. "우리 같은 기독교인이 점점 줄어들고 있어요." 이미 자기들을 사방이 포위된 소수자처럼 느끼고 있었다."[8]

3
가부장제도의 회귀를 원한다

젊은 남성 노동자들은 자신을 피해자라고 본다

 호주에서 저학력 백인 남성 청년 노동자를 대상으로 조사한 설문조사의 결과를 보면 어떻게 우경화되는지를 알 수 있다.[9] 세 가지 요소가 발견된다. 첫째, 갈수록 더 위협받는 비숙련 남성 청년 노동자의 지위 불안정이다. 둘째, 상대적 차원에서 여성 노동의 인정과 확대다. 셋째, 이 박탈감을 부추기면서 과거의 가부장적 남성 중심 문화를 선망하게 하는 퇴행적 우익 포퓰리즘 언론과 방송이다.
 고졸 학력, 저숙련 청년 노동자의 불안정을 남녀 간 문제로 프레임하는 것은 매우 효과적인 결과를 거두고 있다. 설문조사 결과를 보면 호주의 20~30대 백인 청년 노동자들은 가부장제로의 회귀와 전통적인 남성 역할의 부활을 원한다. 그들은 어떤 정치인이라도 이런 정책을 제안할 때 지지할 수 있다고 말한다. 이런 생각을 강하게 갖게 된 것은 남성의 권한, 지위, 경제적 위치가 낮아진 것에 대한 반동적 인식 때문이다. 그래서 백인 남성 청년 노동자들은 자신을 새로운 시대의 피해자이며 억압된 자들이라고 본다. 엘리트, 여성, 이주민 노동자를 자신들을 박해하는 가해자라고 생각한다.

더욱이 그들의 가슴 밑바탕에는 늙은 부모 세대보다 소득, 고용, 주택 소유 측면에서 역사상 최초로 더 적은 수입과 낮은 지위에서 출발하는 첫 세대라는 점이 울분으로 자리 잡고 있다. 국가의 부는 증대하고 평균 소득도 높아졌지만 교육비와 주거비를 포함한 여러 생활비도 동반 상승해 생활은 더 어려워졌다. 게다가 결혼이라도 하면 생활하기가 더 힘들어진 사회에 대한 불만도 쌓여 있다. 특히 교육 수준이 높지 않은 젊은 남성 노동자들은 노동시장이 자신에게 계속 불리하게 재편되고 있다고 느낀다. 이에 따라 자신의 소망인 생계책임자나 유지자라는 정체성을 갖는 것이 불가능하다는 것에도 분노를 느낀다.

우익 포퓰리즘은 젊은 남성 노동자들의 분노를 적극적으로 환영하고 대변해서 문제를 확대한다. 청년 노동자들이 보기에 경제적 지위 하락도 큰 위협이 되는 마당에 문화적으로도 가부장적 사회 구조가 해체되고 말았다. 일과 임금 등 여러 분야에서 남성이 상대적으로 더 불이익을 받고 있다고 생각한다. 더욱이 남성이 누리던 특권이 사라지는 것에 대한 불만도 높다. 그 불만은 과거로의 회귀를 부채질한다. 남성의 부와 남성의 권한을 더 강화하고자 하는 열망이 우익 포퓰리즘으로 향하게 만든다. 그런 정치적 발언을 하는 그룹은 우익 포퓰리즘 그룹밖에 없기 때문이다.

우익 포퓰리즘을 지지하는 호주의 젊은 남성 노동자들의 경향은 다음과 같은 가치관을 따르고 있다. 이는 다른 나라의 젊은 우익들의 경향과 크게 다르지 않다.

- 엘리트 혐오
- 여성 혐오
- 동성애 혐오
- 외국인 혐오
- 자국 민족주의
- 백인 우월주의
- 가부장주의

젊은 남성 노동자들은 사회를 이분법적으로 본다. 자신을 포함한 순수한 집단과 그 반대편에 있는 이른바 '부패한 엘리트'로 나눈다. 이들 사이에는 기본적으로 백인 남성 피해자 담론이 널리 퍼져 있다. 기존의 우익 혹은 극우 집단은 이 남성들의 심리를 선전과 선동으로 파고들어 정치적으로 활용한다.

젊은 남성 노동자들은 자신을 억압하는 존재들로 여성, 페미니스트, 미투 운동가, LGBTQ+ 사람들, 좌파 지식인, 정부 관료를 지목한다. 젊은 남성 노동자들은 백인 남성이 중심이 되는 가부장적 전통 사회에 대한 열망이 크지만 실제 노동시장과 경제 상황, 문화적 경향이 그렇게 되지 않은 것에 대해 자신의 권리를 침해받고 있다는 억울함을 품는다. 또한 자신의 중요한 가치가 부당하게 빼앗겼다는 박탈감을 느낀다. 그들은 분노와 박탈감을 없애기 위해 소셜 미디어, 온라인 커뮤니티, 유튜브 방송 등 해방구를 찾는다. 그런 온라인 공간에서 욕설, 분풀이, 비난 등을 하면서 결속한다. 이런 공간에서 그들은 의식화되고 정체성의 변화를 겪는다.

온갖 힘든 육체노동을 하는 자신에 비해 기껏 컴퓨터 앞에 앉아 입으로 일하면서 몇 배나 많은 월급을 가져가는 여성에 대한 분노는 갖가지 이야깃거리를 만들어낸다. 유튜브 방송과 온라인 커뮤니티에서 여성들은 한껏 비난의 대상이 된다. 남성 경찰이 여성 경찰이 검거하지 못한 남성 범죄자를 더 적은 월급을 받으면서 체포했지만 아무런 위험수당도 받지 못했다는 사례는 최고의 이야깃거리다.

그들은 분노하고 여성을 비하하고 희롱하는 온갖 이야기를 나누는 문화에서 정의감, 쾌감, 용기를 얻는다. 이 과정에서 온라인 커뮤니티와 유튜브를 포함한 디지털 문화가 막대한 영향을 미친다. 현실에서 혐오의 행동을 하기 전에 온라인에서 혐오의 대화에 참여하면서 많은 남성이 자신과 비슷한 생각을 하고 있다는 것에 자신감을 느낀다. 그러다가 자신의 불만을 행동에 옮길 수도 있다는 생각으로 발전한다. 각국에 우익적 성향의 남성들로 구성된 디스토피아적 집단의 커뮤니티들이 형성되어 있다.

젊은 남성들은 남성성을 회복하자는 이념으로 뭉쳤다

경제적 지위의 위협과 가부장적 문화의 상실에 대한 위기의식이라는 두 가지 강력한 불안과 공포는 젊은 남성들을 남성성을 회복하자는 이념으로 뭉치게 한다. 특히 이런 공포가 큰 남성, 예를 들어 육체노동을 하며 고용이 불안정한 남성이 가정이나 학교에서 불공평함을 느끼고 남녀의 차이를 차별로 생각한 경험이 있을 때 남성성의 회복에 대한 욕구가 더 강화된다. 그들이 유튜브에서 롤모델을 만나고 온라인 커뮤니티에서 동지를 만나면서 피해의식이 강해지고 우익 집단의 문을 두들기게 된다. 그들은 사회가 남성에게 역차별적인 상황을 제거하고 남자다움을 발휘할 기회를 줘야 하며 강인한 남성에게 더 큰 보상이 주어져야 한다고 생각한다.

그들이 속한 커뮤니티에서는 지속적으로 남성들만의 음주, 남성들만의 성적 문화, 남자다운 복장 등 남성 문화의 밈이 만들어지면서 진정한 남성성을 되찾아야 한다는 선동에 젖어 있게 된다. 진정한 남성성에 따라 남성을 여성 같은 남성, 착한 수동적 남성, 강한 능동적 남성으로 분류하기도 한다. 남자다움에 따라 도덕도 변화한다고 보는데 남성 우월 문화인 마초에서 주장하는 도덕이 회귀하기를 희망한다. 동성애를 포함한 여성 중심의 문화, 여성 문화를 지지하며 왜소한 남성 지식인을 비꼬고 희롱한다. 그들은 "남성이 여성화되었다." "좌파 남성은 남성의 외피를 한 여성이다."라며 성기 중심의 남성 문화를 강조한다. 전통적인 이성애에 기초한 마초와 가부장적 남성 중심의 문화가 도덕적으로 옳은 것처럼 선전하고 주변 사람을 길들이는 것도 특성이다.

"지금 이 사회에서 가장 힘든 사람은 누구인가?"라는 질문에는 백인 남성 노동자라고 답하고 자신은 역으로 인종차별과 성차별의 희생자라고 주장한다. 자신의 권리는 축소된 대신 여성, 동성애자, 이주민의 권리는 너무 커졌다는 것이다. 또 자신은 이 사회에서 미움을 받고 있으며 환영받지 못하고 있다고 말한다.

그들은 가족의 붕괴도 여성과 사회 탓으로 돌린다. 여성이 남성의 일자리를 빼앗고 비슷한 노동을 할 때 여성이 더 높은 임금을 받고 남성은 힘든 노동을 하는데도 급여가 낮고 여성이 육아보다 일을 더 하려고 하는 바람에 가정이 무너지고 있다는 것이다. 또한 사회가 남성이 가정을 충분히 꾸릴 만큼 수입을 보장해주지 않아 여성까지 일하도록 해 가족이 붕괴한다고 주장한다. 남성 청년 노동자의 경제활동으로는 부모님께도 보답하지 못하고 가족을 꾸릴 수도 없으며 근근이 자신을 유지하는 것밖에 안 된다는 불만이 높다. 그에 따라 스스로 기대한 역할도 하지 못하고 주변의 기대에도 부응하지 못한다고 한다.

남성의 남자다움이 사회적으로 악마화되어 있다는 불만도 높다. 남자다운 것을 마초라 비난하고 가정을 지키고자 하는 남성을 가부장 문화에 찌든 사람이라고 비난한다는 것이다. 남성 노동자의 의식과 문화를 저급하게 보거나 악마화하는 사회 경향에 대한 분노가 쌓여 있다. 그들은 이 사회에 저항하며 질문을 던진다. "백인 남성이 희생양이다. 백인 남성의 노동 가치는 무시되고 있다. 정부는 백인 남성에게 언제나 참으라고 한다. 육체노동을 소홀하게 여긴다. 이 시대는 평범한 백인 청년 노동자를 버렸다. 집을 장만하고 결혼해서 단란한 가정을 꾸리고 싶어 하는 것이 죄가 되는 사회다. 임금 격차는 당연한 것이다. 전화만 받으면서 어떻게 육체노동의 두 배의 월급을 받는가!"라고 말이다.

백인 남성 노동자들은 무시당하는 존재라는 정체성으로 인해 스트레스, 불안, 슬픔, 울분, 무가치한 느낌 등에 크게 지배되고 있다. 그래서 정신건강도 악화된 상태다. 이런 상태에서는 폭력적 행동의 가능성이 커지고 분노와 충동을 조절하기 어려운 상황이 자주 발생한다. 이런 감정은 우익 포퓰리즘이 환영하는 감정이다.

호주에서도 코로나19 이후 우익 포퓰리즘에 대한 지지가 젊은 남성들 사이에서 크게 늘었다고 한다. 그 이유를 다음과 같이 본다.

- 소셜 미디어와 디지털 미디어의 영향
- 백인 남성의 피해자 의식과 여성 혐오
- 이성애 중심적인 남성성에 대한 향수
- 정부와 주류 정당에 대한 환멸
- 상대적으로 높은 스트레스 수준

그리고 앞의 설문조사에서 이들이 비난하는 대상은 정부, 여성, 페미니스트, 동성애자 그리고 나약한 남성 지식인이라고 한다. 가장 역설적인 것은 남성의 취약성을 만든 사회 체제, 그들이 속해 있는 신자유주의 경제 체제는 거의 비난하지 않는다는 것이다. 그들을 모두 병들거나 이상한 사람으로 볼 수는 없다. 그러나 조지아 대학교 국제관계학 교수인 카스 무데Cas Mudde는 이들을 '병든 정상성' 그룹이라고 불렀다.

국가의 미래라고 할 수 있는 젊은 남성 노동자들이 느끼는 소외감과 실망감에 대한 위로와 제도적 지원이 필요하다. 불안한 지위로 살며 변화를 감당하지 못하는 상태의 청년들을 어떻게 효과적으로 도울 수 있는지가 지금 우리가 직면한 사회적 과제다.

4장 마음의 극우화를 이해하는 이론 2
: 원한과 약한 남성 이론

1
포용 없는 사회에서의 원한이 극우를 만든다

깊은 원한이 우익 행동을 하게 만드는 감정적 동기다

극우 집단의 집회에 흔히 등장하는 인물 중 하나가 조커다. 우리나라의 한 극우 집회에서도 조커로 등장한 인물이 있었다. 그는 왜 조커 복장을 했을까? 조커를 통해 상징하는 것은 무엇일까?

우익 집단의 심리를 연구하는 학자들은 원한의 감정, 특히 오랜 시간에 축적된 깊은 원한의 감정인 르상티망이 우익 행동을 하게 만드는 감정적 동기라고 지목한다. 영화 「조커」에서 여러 신경학적 장애를 앓는 아서 플렉이 조커로 변신하는 과정에서 작용하는 감정 또한 원한이다. 세상은 그를 인정하지 않고 무시했다. 그 상처가 가슴 속에 쌓인 그는 약자이자 병자였다. 복지의 수혜자이자 대상자였다. 성장 과정 중에 버림받음, 방임, 학교폭력, 사회적 무시를 포함한 다양한 트라우마가 생겼고 수모로 가득 찬 힘든 삶을 살았다. 심지어 흠모하던 사람이 자신을 사회적 조롱거리로 만들어버린다. 그는 자신을 따뜻하게 대해준 사람을 기억해내기가 어려웠다. 사실 그런 존재를 만난 적이 없었다. 조커의 가슴 속에 남은 감정은 그저 무력감, 원한, 그리고 공멸에 이르고 싶은 파괴적 감정뿐이다. 이 감정이 그를 파괴적 행동으로 이끈다.

일부 극우 청년의 심리는 아서가 품은 감정으로 가득 찼다. 자신을 냉대한 사회의 가해자들은 정부 관료, 지식인, 셀럽이다. 그리고 비슷하게 어려움을 겪지만 자신의 파이를 뺏어간 여성과 이주민도 원한의 대상이다. 이 원한의 감정을 주목한 철학자 중 한 사람이 니체다. 그는 단순한 원한의 감정 그리고 원한을 뛰어넘는 중요한 감정을 르상티망이라고 명명했다. 르상티망은 단순한 분노나 원한과 차별하기 위한 명명이었다. 니체의 르상티망 개념은 현재 더 다양하게 정의되고 있다.

르상티망을 불안하고 불공평한 세상에 대한 패배주의적 분노로 정의하는 학자도 있다. 어떤 이는 르상티망을 깊고 오래된 원한으로서 단순한 원한, 원망, 시기, 질투심, 복수심과는 조금 다른 차원에서 조명하기도 한다. 르상티망을 적대적인 외부 대상(타자)을 향한 장기적 성향 또는 감정적 태도로 본다. 르상티망을 갖는 사람 또는 집단은 외부 대상이 부당한 지위를 차지하고 있다는 감정에 사로잡혀 있는 상태라고 보기도 한다.

또 르상티망은 분노나 증오처럼 잠시 뜨거운 감정이라기보다 더 지속적이고 강렬한 감정이다. 그리고 르상티망은 시간이 지나면서 해소되는 것이 아니라 더 쌓인다. 르상티망을 품은 대상에 대한 분노와 원한이 자신의 자아를 모두 물들이면서 복수를 꿈꾸는 상태라고 할 수도 있다. 이러한 상태를 단순한 원한이 정의를 실행하는 데 실패한 것에 대한 반응이라고 할 수 있다. 하지만 르상티망은 더 깊고 오래된 원한으로 자신의 지위와 삶의 자리를 모두 빼앗겼다는 낭패감에 대한 반응이라고도 할 수 있다.

누가 젊은 남성들을 깊은 원한에 사로잡히도록 했는가

소피 칼도르Sophie Kaldor는 국제테러대응센터ICCT의 보고서에서 수십 명을 살해한 우익 테러 가해자들의 선언문을 분석하면서 이 르상티망의 중요성을 강조했다.[1] 그리고 르상티망을 갖게 되는 경로와 과정을 이해하게 되면, 즉 분노와 원한이 쌓이는 과정이나 단계를 잘 분석하면 극우적 의식을 갖게 되는 것과 극우 행동을 하게 되는 것을 예방하는 데 중요한 기여를 할 수 있다고 보았다.

니체는 깊은 원한의 감정이 어떻게 쌓여가면서 변화하게 되는지를 3단계 과정으로 이해했다.[2] 1단계, 자신이 원하는 것을 가질 수 없다는 좌절감을 느끼면서 좌절의 인식이 일어나는 단계다. 2단계, 자신이 원하는 열망에 대한 좌절을 경험하면서 성취할 수 없는 이유를 합리화하려고 한다. 자신이 상대방보다 더 낫다는 우월감을 가지려고 애쓰는 단계다. 3단계, 무력함을 극복하지 못하고 원한에 갇히게 되며 자신을 짓밟고 승리한 경쟁자가 많은 권력과 명성을 누리는 것에 대해 증오하게 된다.

  이를 더 잘 인식하기 위해서 단계마다 감정이 어떻게 표출되는지를 파악하는 것이 중요하다. 이 감정들이 자라나서 뿌리가 깊어지고 강렬해지면 사람들은 새로운 상태로 나아간다. 사실이냐, 거짓이냐에 상관없이 그들의 원망이 어떤 믿음이 되면 그 믿음이 가슴을 뛰게 하는 원동력이 되어 사람들은 달라진다. 마음속에 깊은 원한이 자리 잡으면 어떻게 달라질까?

  깊은 원한에 사로잡힌 청년들은 무력감, 취약성, 복수심을 키우며 지내게 된다. 자신의 지위를 빼앗아 간 사람들, 예를 들어 가정에서의 부모, 학교에서의 교사와 친구들, 그리고 동네의 어른과 형들에게 자신의 고귀함과 명예조차 짓밟혀 치욕적인 삶을 살고 있다고 생각한다. 그래서 지위를 되찾고 치욕을 갚는 폭력은 정당한 폭력이라는 생각에 도달한다. 그 생각에 따르면 자신의 보복 행위는 정의의 회복이고 원래의 규범이나 가치를 복원하는 일이 된다.

  분노한 청년들은 자신의 자리를 빼앗은 가해자의 지위가 확고해질 때나 더 이상 물러설 곳이 없다고 생각할 때 복수심을 표출하는 행동을 선택한다. 그들에게 이 복수의 행동은 정상을 되찾고 타락을 막고 불균형을 되찾는 정의롭고 정당한 일이기 때문이다. 이 확신은 때로 망상의 수준에 가깝다.

  르상티망이라는 깊고 오래된 원한 감정은 공격적, 폭력적 행동을 정당화하는 데 중요한 역할을 한다. 다른 사람들이 보면 피해망상에 기초해 극단적 우익 테러라고 생각한다. 하지만 이 르상티망을 품은 사람들로서는 오히려 정의를 회복하는 일이다. 폭력이 아니라 침략에 대한 방어이고 보이지 않는 전쟁을 보이게 하는 선전 행위이자 일종의 순교 행위이기도 하다. 그런 점에서 우익 테러는 참혹하고 거침없고 죄책감이 없거나 혹은 한참 뒤에 그 망상의 숲을 빠져나와서야 죄책감을 느끼기도 한다. 그렇다면 그들을 이 르상티망, 깊은 원한에 사로잡히게 한 사람들은 누구일까?

극우 청년들은 왜 엘리트 집단을 증오의 표적으로 삼았는가

르상티망을 가진 우익 집단의 청년들이 자신의 자리, 권한, 문화, 규범 가치를 빼앗아 갔다고 지목하는 자들은 여성, 엘리트, 좌파, 타민족, 이주민, 타 종교, 동성애자 등이다. 그중 가장 큰 분노의 칼끝을 겨누는 대상이자 가장 증오하는 집단은 바로 이들을 초대한 사람들인 엘리트 집단이다. 우익 집단의 청년들은 자신들의 문화와 규범을 만들거나 혹은 기존의 권력을 파괴하기 위한 음모와 계략을 꾸며서 타락한 문화를 만드는 이들이 엘리트 집단이라고 여긴다. 또 여러 부당한 세력에게 문을 열어주어서 침략의 계기를 만든 사람들도 엘리트 집단이라고 본다.

엘리트 집단이 증오의 표적이 되는 두세 가지 이유가 더 있다. 그중 첫 번째는 엘리트 집단의 PC 문화다. 그들의 잘난 척이나 무시에 느꼈던 수치심과 모욕감이 큰 원한이 되는 경우가 많다. 자신을 어린애 취급하고 잔소리하고 잘난 척하지만 엘리트들은 자신과 가족의 이익을 위해 매우 위선적이면서 세련된 방식으로 공익을 갈취해온 무뢰배나 다름없다. 우익 청년들은 엘리트가 알고 보면 더 더러운 집단이라고 생각한다.

엘리트 집단에 대해 원한이 깊어진 또 다른 이유는 수천억에서 수조 원의 국가 예산을 탕진하는 데 있다. 온갖 연구와 실험을 해서 무언가 우리 사회가 나아지게 할 것처럼 해놓고 사실은 돈만 받아 챙겼다. 낭비라고 생각하는 일들을 하고 있는데 그들에게 엄청난 연구비가 지급되고 있다는 것에 분노한다. 더욱이 그 연구 결과는 자신들의 삶을 나아지게 하기는커녕 소수자, 다문화가정, 여성, 이민자의 삶에 유리하고 그 사람들에게만 효과를 거두는 일이 더 많다. 그래서 엘리트 집단의 연구는 믿을 만하지 못한 것으로 인식한다. 엘리트 집단은 자기 집단과 초대받지 말아야 할 집단을 초대해서 침략의 발판을 마련해주는 사기 집단이다. 그들의 말을 믿어왔던 것이 오히려 문제라고 생각한다.

르상티망을 갖고 분노와 증오에 가득 찬 생활을 하는 우익 청년들에게 극단적 행동을 촉구하도록 자각시키는 것은 유튜브 방송과 소셜 미디어다. 소셜 미디어와 커뮤니티에서의 선동은 강렬한 영향이 있다. 자신과 비슷한 처지에 있는 다른 사람이 특정 폭력 행동을 하고 남긴 후기, 소감문, 고백서, 투쟁 기록은 큰 자각과 용기를 준다.

'약한 남성, 비겁하고 왜소한 소시민, 초식남, 기껏해야 관종'이었던 청년들이 유튜브 영상과 온라인 커뮤니티의 댓글과 후기들을 보면서 자신과 비슷한 사람들이 용기 있게 나서는 모습을 보면서 감동한다. 그리고 자신도 그런 용기를 갖고 나서야겠다면서 머릿속으로 행동하는 연습을 하고 선언문을 써보는 등 자기 훈련을 한다. 영상이나 실시간 채팅에서 일어나는 논쟁이나 댓글을 보고 자신이 평상시 해보지 못한 욕설을 해보고서 쾌감을 느끼거나 자신감이 충만해졌다고 청년들은 고백한다. 엑스트라에서 히어로가 된 기분을 느끼는 것이다. 극단주의 우익 테러를 저지른 사람이 내적 변화 과정을 자신의 선언문에 담았던 사례도 있었다.

"잊힌 전쟁의 죽은 병사들 앞에서 내 절망은 수치심으로 바뀌었고, 수치심은 죄책감으로 바뀌었고, 죄책감은 원한으로 바뀌었고, 원한은 광기로 바뀌었다."[3]

용기가 없어 인터넷에서 손가락 부대의 일원이기만 했다가 마치 인터넷 게임의 공격대에서 역할을 맡듯 극우 행동의 일부를 자신이 담당한 것을 인생의 영광이자 용기 있는 나섬으로 자평하기도 한다. 극우 방송은 일부 청년들에게 일종의 고백소, 양성소, 명령을 부여하는 센터 역할을 충분히 한다.

극단적 우익 행동을 하는 르상티망을 가진 청년들의 세계관은 공통점이 있다. 첫째, 세상을 부당하게 여기고 빼앗긴 지위에 대한 불만과 불안을 품고 있다. 둘째, 부당한 세상을 만든 것은 엘리트이며 음모는 당연히 존재한다. 셋째, 자신들의 우익 행동은 이런 부당한 세상을 되찾기 위한 정당한 행동이다. 넷째, 자신들은 합당하고 정의로운 세상을 갈망하고 구원을 바란다.

돌봄의 부재는 청년을 극우화한다

그런데 이 부당한 느낌과 음모는 망상 수준에 가까운 경우가 많다. 정의로운 세상에 대한 갈망은 불가능한 비현실적 설정이 대부분이다. '백인들만 사는 교류 없는 자급자족 사회' '여성을 하급 인간으로 취급하는 중세 사회' '가부장제 전통이 지켜지는 남성 중심 직장의 현대 초기 사회' 같은 설정이다.

그들이 생각하는 정당한 행동에는 폭력, 살해, 말살과 같은 강도 높은 테러 행위가 포함된다. 극우 청년이 폭력의 대상으로 삼는 이민족, 여성, 동성애자 등의 대상은 흔히 동종의 인간이 아닌 존재로 취급하는 경우가 대부분이다. 나치가 활동하던 시대 혹은 그 이전 시대에는 사회적 소수자와 약자를 동물이나 변종으로 표현하는 것이 일상이었다. 극우 청년들이 더 극단적 폭력을 지지하는 이유는 그들이 가만 있으면 이민족, 동성애자, 비기독교인이 자신들을 해친다고 생각해서다. 또한 자기 민족이나 인종을 개량하려고 하는 음모가 있다는 생각을 거침없이 하기 때문이다. '쥐새끼 같은' '독사 같은' '균을 가진' '전염병을 퍼뜨리는' '변종 바이러스를 가진' '멸종시키려는' '다 혼합해버리려는' 등 혐오의 생각을 여과 없이 표현하는 일은 다반사다.

그들의 세계에 망상적 혐오가 지배하고 멸망을 주제로 하는 SF 영화 시나리오의 공포가 존재한다. 이성은 작동하지 않고 공포와 불안이라는 감정만 작동하는 세계관이 우익의 폭력 행동을 정당화한다. 르상티망을 갖게 된 삶에서 순종을 버리기로 하고 그 르상티망의 대상을 제거하고자 결단하면 공포, 불안, 망상, 음모를 총동원하여 앙갚음하는 것 외에는 보이는 것이 없게 된다.

원한의 사회에는 멸망을 추구하는 사람들로 가득하고 복수만이 넘치게 된다. 좀비에게 한번 물리면 원래 상태로 돌아올 수 없다는 점에서 르상티망은 좀비가 되게 하는 과정이라고 해도 과언이 아니다. 그러므로 르상티망을 갖지 않게 하도록 가정과 사회적 차원의 예방이 필요하다.

다시 영화 「조커」로 돌아가 보자. 좋은 부모, 돌봄, 따뜻한 지역사회, 폭력을 잘 해결한 학교, 복지의 지원이 있었다면 아서 플렉은 조커가 되지 않았을 것이다. 아서 플렉이 자신의 존재를 깡그리 무시당했던 온갖 사회적 관문마다 돌봄, 포용, 갈등 해결, 발언 기회, 부당함에 대한 완화적 효과를 발휘할 수 있는 조치가 필요했다.

청년들이 르상티망을 갖지 않도록 따뜻한 돌봄 사회가 되어야 한다. 불안정한 가정의 증가, 공동체의 붕괴, 사회적 지원의 단절, 학교폭력 증가와 미해결, 철저한 격차, 위선적인 중산층과 지배 엘리트, 효과는 없으면서 예산만 낭비하는 정책, 경직된 관료주의, 취업의 실패, 경멸과 무시의 사회적 냉대는 극우 청년의 사회적 배양지가 된다. 르상티망이야말로 극우의 감정적 뿌리다.

2
인셀, 극우주의, 약한 남성론이 대두되다

강해야 살아남는 경쟁사회가 특정 남성을 비하한다

인셀incel[4]은 얼마 전부터 남성성을 의심받고 위협받는 치명적인 모욕으로 청소년과 청년 세계에서 유행하는 용어가 되었다. 인셀은 남성성 혹은 남자다움이 거세된 남성을 말한다. 약하고 왜소해진 남성을 상징하고 도태될 사람을 지목하는 것이다. 한마디로 '성적 능력도 없고, 여자를 차지할 기세도 없고, 능력이라고는 없는 ○○ 같은 놈'이다.

그래서 인셀이라는 용어는 불안, 수치심, 굴욕, 경멸을 안긴다. 그런 말을 들은 아이들의 마음에는 분노와 증오가 차오른다. 그래서 인셀로 찍히게 되면 마음속으로 폭력적이며 차별적인 행동을 하려는 동기를 품는다. 자신을 인셀로 부른 대상에 대한 복수를 꿈꾸기도 한다.

주로 왜소하고 약한 남자들이 인셀로 지목된다. 그들의 문제가 새로운 사회적 이슈가 되고 있고 문화적으로도 주목받고 있다. 넷플릭스 「소년의 시간」에서는 현대 사회에서 점점 심각해지는 인셀과 관련한 여러 문제를 다루며 시선을 끌었다. 오타쿠로서 관심사와 노동, 정치, 사회에 대한 문제의식을 결합한 비평을 해온 일본의 스키타 슌스케는 이 문제에 주목해서 연작을 쓰기도 했다.[5]

약한 남성에 주목하는 사람들은 약한 남성이 여성 약자보다 더 취약하고 더 공격받고 있다고 이야기한다. 직업을 갖지 못하고 사회에 적응하는 길을 잃을 경우 여성은 전업주부라도 될 수 있지만 남성은 사회적 자리가 없다고 항변한다. 이 과정에서 약한 남성들은 굴욕을 당하기 일쑤다. 이 굴욕과 수치심이 약한 남성의 심리적 고통이 된다. 약한 남성은 주변에서 능력 없는 놈이라는 경멸의 시선을 견디면서 살아야 하는 것도 고통이다. 사회성이 부족하고 당당하지 못한 별 볼 일 없는 약한 남성들은 공부도 일도 제대로 하지 못하면서 행복과는 거리가 먼 삶을 산다. 능력주의가 팽배한 자본주의 사회에서 도태되는 자들은 과연 어떤 삶의 경로를 걷게 될까?

남자다움이라는 성역할에 대한 왜곡은 경쟁 사회에서 다양한 방식으로 변주되고 있다. 경쟁이 심한 사회에서는 생존하기 위한 강함이 강조된다. 이 강함을 갖추지 못한 남성은 경멸의 대상이 된다. 그리고 남성 비하의 한 방식으로 특정 남성에 대한 왜곡이 더 커지는 현상으로 이어진다. 집단 내에서 누군가를 추방하는 방식

중 하나가 약한 남성, 즉 인셀로 취급하는 것이다. 인셀 문화가 퍼지면서 건강한 남자다움에 대한 왜곡과 편견이 강화되고 있다.

남자다움에 대한 왜곡은 주로 아동 후기나 청소년 초기 때부터 발생한다. 정글 같은 경쟁의 틈바구니에서 시달리는 아이들의 사회가 인셀 문화의 온상지인 셈이다. 아이들의 집단적 문화에서 약한 남성에 대한 비하가 시작된다. 괴롭힘이나 따돌림의 방식 중 하나로 작용한다. 지질함을 넘어서 기본적 능력도 없고 알맹이도 없는 사람처럼 취급하는 것이 약한 남성들에 대한 대우다.

이런 대우를 받는 당사자는 약한 남성의 논리에서 벗어나지 못한다. 스스로 약한 남성 또는 남자다움에 대한 왜곡에 사로잡혀 저항하기보다는 울분을 삼키며 지낸다. 그리고 자기 비난을 하며 분노와 복수심만 키운다. 혹은 냉소적으로 변하며 사회로부터 도피한 방식의 삶을 살면서 더 질곡의 상태로 빠지게 된다. 그러다가 은둔하게 되거나 이상한 성격의 소유자로 사람들 사이에서 자리매김하게 된다.

약한 남성도 자신만의 희망을 향해 나아간다. 이 희망은 성취될 수도 있고 좌절될 수도 있다. 좌절의 아픔이 커질수록 삶을 비관하고 원망이 늘게 된다. 그러다 보니 병리적인 사회 적응 방식을 선택하기도 한다. 일부 약한 남성은 성적 욕망을 채울 수 없다는 절망 속에서 성도착적으로 변해서 인터넷 성매매 등 규범과 법률을 위반하는 세계로 가기도 한다.

그들은 사회적 열망을 채울 수 없다는 절망 속에서 괴로워한다.

그 괴로움을 풀기 위해 온라인 커뮤니티, 채팅창, 댓글 등에서 사회적 이슈에 대한 패륜적 비난, 비꼬기, 욕설, 대화 망치기 등으로 자신의 부정적 감정을 투사하거나 배설하는 난폭한 악플러가 되기도 한다. 특히 자신보다 약한 사람에게 굴욕감을 주고 경멸하고 싶어 하기도 한다. 이렇게 자신을 공격하던 사람과 동일시하는 현상은 흔히 나타나는 심리적 방어기제다.

그래서 약한 남성 중 일부는 소수자, 장애인, 여성을 혐오하고 공격하며 지낸다. 당한 대로 갚아줄 대상이 자신보다 약한 사람밖에 없기 때문이다. 자신에 대한 혐오가 자신보다 약한 사람들에 대한 혐오로 전환된다. 안티, 혐오, 저주의 심리 상태에서 불행하게 살게 된다. 약한 남성의 병리적 적응은 피해자에서 생존자나 극복자로 가는 것이 아니라 피해자에서 가해자로 가는 것이다. 그리고 이 약한 남성의 병리적 경로 중 하나가 극우가 되는 것이다. 약한 남성이라고 여성에게 비난받았던 모멸적 경험, 여성의 PC 문화에 대한 반감이 우익 심리의 도식을 수용하는 입구가 된다.

반면 건강하게 사회에 적응하는 길로 들어선 약한 남성은 수용과 함께 왜곡의 껍질을 벗겨낸다. 자신의 취약함을 인정하고 동시에 취약함만 있는 것이 아니라는 것을 알게 된다. 약한 남성이라는 굴레에 갇히지 않고 조용한 남성, 사회적 활동보다 비사회적 활동을 좋아하는 남성, 기존 사회의 마초의 남성 세계관이 아니라 건강한 남성상을 추구하는 남성 등 자신의 약한 남성성을 다른 남성성으로 수용하고 변형할 수 있게 된다.

사실 약한 남성은 튀지 않고 평범하며 조용히 혼자 즐기는 것에 만족하는 남성이기도 하다. 약한 남성 중에는 조용하고 창의적인 사람, 활동적이기보다 관조적이며 신중한 사람이 많다. 수전 케인 **Susan Cain**은 저서 『콰이어트』에서 이런 조용하고 내성적인 사람들의 장점을 소개했다.⁶

세상은 마초이고 외향적이고 근력이 강하고 목소리가 큰 사람들 속에 있기 좋아하는 사람들로만 구성되어 있지 않다. 인기 있고 주도적이면서 강한 남성상이 아이들 사이에서 남성성의 대표적 상징이 되는 것은 비교와 경쟁 중심 사회의 깊은 폐해 중 하나다. 비사교적이며 조용하고 개인적인 남성들을 도태시키고자 하는 공격적 화풀이가 약한 남성, 즉 인셀의 추방 같은 또 하나의 왜곡된 일탈 문화를 만들어낸다. 성과, 능력, 가부장제 가치관을 강요하는 사회에서 아동과 청소년이 심리적으로 다치는 경우가 많다. 그 상처가 제대로 치유되지 않는 바람에 또 다른 울분과 혐오의 세력으로 성장하는 것이 문제다.

그런데 약한 남성의 울분을 들어주는 곳은 어디에 있을까? 약한 남성이 자신을 비난한 여러 가해자 중 특별히 지목하는 두 가해자가 여성과 엘리트다. 여성과 엘리트에 저항해서 함께 싸워줄 곳을 찾다가 발견한 곳이 바로 극우 집단인 경우가 많다. 약한 남성과 우익 집단은 여성과 엘리트라는 공동의 적이 있기 때문이다.

남성에 대한 사회적 역차별 속에 살아간다는 정서적 배경과 모멸감을 주는 PC주의와 페미니스트 집단에 대한 반발로 여러 나라들에서 남성들이 결속하고 있다. 우리나라도 '이대남' 현상이 이미 존재하고 어찌 보면 향후 더 심각해질 나라 중 하나다.

우경화된 남성은 '여자 없는 남자, 결혼하지 못하는 남자, 가장이 되지 못하는 남자, 평생 비주류로서 혼자 살다가 죽을 남자'라는 저주만 받다가 동지를 만났다. 적을 공유하고 함께 비판하면서 싸워줄 동지가 생긴 것이다. 드디어 말할 곳이 생겼다는 소속감, 새로운 주류로서의 정체성, 연단과 무대에서 발언할 기회 등 단 한 번도 경험해보지 못한 주인공으로서의 대우와 존중에 우익 집단의 매력에 흠뻑 빠지게 된다.

약한 남성은 유리 지하실로 추락한다

스기타 슌스케는 이런 약한 남성의 문제를 전면으로 제기하고 약한 남성에 대한 이론과 시각을 새로이 제안했다. 그는 약한 남성 문제는 능력주의 사회, 신자유주의 사회의 폭주를 통해 증폭된 문제라고 언급하면서 지금 어느 사회나 하위 80%에 속하는 사람들이 자신의 정체성을 찾지 못해 헤매고 있다고 한다. 하지만 좌파 엘리트들은 그들을 포용하지 못한다고 지적한다. 반면에 트럼프와 같은 우익은 그들을 선동해서 이용해 먹는 것이 아닌가 하고 우려한다.

그는 현재 상황을 "오늘날의 잔여물, 뒤처진 자들, 남겨진 자들은 서로 연대해 분노를 정치적인 에너지로 결집하지 못하는 상태"로 진단한다. 그는 약한 남성의 변화를 위해서는 약함에 대한 인정인 자기 수용을 출발로 삼아야 한다고 조언한다. 그리고 다양성을 인정하는 사회 변화를 추구하는 집단과 연대하면서 사회적 경쟁과 왜곡된 고정관념과 싸워야 함을 이야기했다. 또한 약한 남성의 실상을 제대로 알리는 것을 강조했다.

일본에서 남성은 행복하지 않은 존재에 속한다. 여러 일본 내 다양한 통계에서 미혼 독신 남성이 가장 불행했고 건강 문제도 심각했다. 산업구조도 남성 중심의 제조업에서 점차 서비스업과 지식산업으로 바뀌면서 전통적인 남성성의 사업은 퇴조하고 있다. 문화적으로도 남성 중심의 가부장 문화는 빠르게 사라지고 있지만 남성의 여성 의존성은 느리게 줄어들고 있다. 여성은 상대적으로 남성으로부터 빨리 독립하는 반면 남성의 여성 의존도는 크게 줄어들지 않아 이 격차가 남성들에게 계속 문제가 되고 있다.

'남성은 일, 여성은 가정'이라는 공식이 무너지는 사회적 흐름도 이해할 필요가 있다. 또한 남성 문화는 나이가 들어갈수록 친구 집단이 줄어가는 특성을 보인다. 따라서 남성 문화가 다양한 사회적 참여와 느슨한 연대를 이루는 방향으로 변화해야 한다. 남성들끼리 만나고 화려하지 않아도 인생의 작은 모멘트들을 즐기며 살아가는 인생을 존중해야 한다. 시시한 인생도 의미가 깊다는 사회적 인식이 필요하다.

스기타 슌스케는 여성들이 더 이상 지위 상승을 하지 못하는 '유리 천장'의 문제가 있다면 약한 남성들은 '유리 지하실'에 갇히는 문제가 있다고 말한다. 남성은 약자가 되면 유리 바닥이 깨져 지하실로 추락해도 아무도 모른다는 미국의 남성학 학자 워런 패럴Warren Farrell이 『남성 권력의 신화The Myth of Male Power』에서 말한 '유리 지하실' 개념을 인용했다.[7]

스기타 슌스케는 유리 지하실에서 나와 살아가는 방법을 여러 갈래로 소개하고 있다. 증오하고 투쟁하고 싸워가며 살아가는 방법이 있는가 하면 무의미하게 보이는 노동이지만 성실하게 노동하고 원래 존재하는 인생의 기본값인 허무를 견디며 일상을 살아가는 방법도 있다. 친구들과 함께 연대하면서 소소하게 살아가는 방법을 알게 되는 것이다. 그는 인생의 모순에 삶이 찢겨 나갈지라도 이 시시한 인생을 죽는 순간까지 살아가는 방법도 또 다른 길이라고 소개한다.

5장 마음의 극우화를 이해하는 이론 3
: 성격론, 억압, 동일시 이론

1
누가 극우 파시스트가 되는가

희망을 잃고 공포를 느끼면 파괴적으로 변신한다

독일의 철학자이자 사회학자인 테오도르 아도르노Theodor Adorno는 극우의 태동과 신극우주의의 탄생에 큰 책임을 느끼고 극우에 관한 연구를 했다. 그 자신이 극우 파시즘이 태동한 독일에서 살았고 미국으로 망명해 극우 파시즘을 연구했고 전쟁이 끝난 후 다시 독일로 돌아와 극우 파시즘의 재발과 사회적 위협을 막고자 분투하는 삶을 살았다.

미국에 망명해 있는 동안에도 아도르노는 버클리대학교 팀과 함께 파시즘적 성격을 알아볼 수 있는 사회심리학적 연구를 통해 저서 『권위주의적 성격』을 남겼다. 독일로 돌아와서 수백 번의 집단 모임과 분석을 하면서 극우적 성향을 파악할 수 있는 단서를 만들고자 했다. 또한 극우 파시즘에 대항할 수 있는 교육의 중요성을 강조하고 반파시즘 교육의 기초를 제안하기도 했다.

아도르노는 1967년 4월 6일 오스트리아 학생들에게 초대받아서 빈대학교에서 강의했다. '신극우주의의 양상'이라는 강의를 통해 그가 경험하고 연구한 극우 파시즘의 본질과 양상을 말했다. 그에게 파시즘과 극우는 분리되지 않는 개념이기도 했다. 아도르노는 1959년에 파시즘 청산을 주제로 공개 강의를 했고 1967년에는 파시즘의 새 양상을 공개하며 사람들에게 또다시 파시즘이 출현할 수 있다고 경고했다. 우리 관점에서 보면 일제 청산을 어떻게 할 것인가와 더불어 새로운 친일주의가 발흥할 때 어떻게 대응할 것인가에 관한 강의와 비슷하다고 할 수도 있다.

아도르노는 극우 파시즘이 형성될 수 있는 첫 번째 조건 중 하나가 경제적 문제라고 했다. 자본주의가 전개되는 과정에서 실업자가 발생하고 새로운 기술이 잉여 인간을 만드는 것이 파시즘 출현의 가능성을 높이는 조건이라고 말이다. 지금처럼 청년 실업자와 미취업, 미훈련, 미고용 청년이 많은 시기는 큰 위험성을 내재한 상태라고 볼 수 있다. 우리나라는 2025년 2월 기준으로 청년 실업자가 무려 120만 명이 넘는다.[1] 잉여 인간으로 사회적 열등감과 박탈감을 느끼는 120만 명의 청년층에 대한 정책은 실로 막중하다.

극우 파시즘 형성의 두 번째 조건으로 국내외적으로 산업이 퇴조하며 경제적으로 어렵고 사회적 지위가 낮은 사회 계급 또는 집단의 존재라고 했다. 제2차 세계대전 당시 독일은 농민 집단과 중소 상공인 집단이었다고 한다. 사회적, 산업적 퇴조에 영향을 받는 경제 집단은 체제에 대한 불만이나 전복적 사고를 할 수 있다고 보았다.

아도르노는 "신념이나 이데올로기가 자신을 객관적으로 유지하지 못하게 될 때 악마적 성격이나 파괴적 성격으로 변신한다."라고 말했다. 20번 면접에 떨어진 청년이 더 이상 취업할 상황이 안 된다거나 지금의 노력으로는 도저히 가족을 부양할 수 없는 상태가 지속되면 사회 적응보다는 파괴하고 싶은 마음이 들 수도 있다. 그래서 세금부터 법과 제도까지 저항이 생기면서 사회 분란이 발생한다. 아도르노는 얻을 것을 얻지 못하거나 막대한 것을 잃을 수 있는 사람들과 경제와 정체성을 상실한 그룹에 대한 사회적 정책의 실패가 우익과 좌익으로 쏠리게 되는 토양이라고 보았다.

파시즘에 매혹되는 청소년들은 민족의 말살에 대한 공포를 느끼던 청소년 중에 많았다고 한다. 그 과정에서 민족이나 국가에 대한 동일시가 심각하게 일어나면서 내면에 패배의식이 강했던 사람들이 파시즘 지지 세력이 되었다는 것을 발견했다. 그래서 아도르노는 파시즘 운동을 "우리 민주주의의 상처이자 흉터"라고 말했다.

또 파시즘 운동은 경제 구조와 관련이 되어 있지만 사실 그것만으로는 다 설명하지 못한다고 하면서 파시즘을 설명하는 데 중요한 개념은 '공포'라고 했다. 극우주의의 본질은 사회적 파국에 대한 공포라고 할 수 있다. 즉 극우주의자들이 생각하는 특정 사회가 소멸되는 것에 대한 공포를 말한다. 미국의 티파티 운동가들의 가장 큰 동력도 자신들의 사회가 사라지는 것에 대한 공포다.

파시즘과 극우 운동은 늘 거대한 위기를 말하고 공포를 조장한다. 무엇이 없어진다고 늘 주장한다. 그러나 아도르노는 그들이 말하는 위기와 그 위기 대처 방법은 마치 점성술 같은 수준이라고 말한다. 자신들의 입지가 사라지거나 자신들이 누려왔던 특권이 사라진다는 공포 외에 극우의 정교한 이론 체계는 발견하기 어렵다. 정신분석적 관점으로 그들의 무의식을 들여다보면 이 공포가 가져오는 파국적 결말을 엿볼 수 있다. 그들은 자신들이 원하는 세상이 되지 않았을 때 모두 멸망하기를 바라는 파괴적 죽음의 본능에 따라 행동한다고 보기도 한다. 아도르노는 파시즘 운동에는 재앙과 파국을 바라는 무의식적 소망에 이끌리는 힘이 상당한 비중을 차지한다고 보았다.

독일은 영국과 프랑스에 비해 민족국가의 형성이 어려웠다. 힘겹게 민족국가를 세웠지만 독일 연방이 다시 해체될 위기에 대한 공포를 두 나라보다 상대적으로 더 많이 겪어왔다고 한다. 국가 존속의 어려움, 민족 말살, 민족 정체성의 상실에 대한 두려움이 더 컸다고 한다.

자아가 약하면 권위주의적 성격이 되고 파시스트가 된다

아도르노는 파시즘이 대중의 지지를 끌어내는 방식은 주로 선전과 선동으로 꾸며낸 것들이 많다고 보았다. '영도자 히틀러'라는 우상은 괴벨스의 선동과 프로파간다 때문에 만들어진 면이 크다. 히틀러를 우상으로 만들 필요가 있는 사람들이 만들어낸 것이라고 보기도 한다. 파시즘 집단은 인종차별주의를 포함한 여러 혐오와 공포에 시달리는 사람들과 반공산주의자들이 정치 활동에 관여하며 형성된 집단이다. 그들은 주로 선전과 선동에 의존한다.

아도르노는 분명 거짓임에도 불구하고 그 정보와 주장에 순응하는 사람들의 의식과 사고에 관심을 가질 수밖에 없었다. 그는 '말도 안 되는 의심, 망상, 혐오 외에는 전달하는 것이 없는데도 어떻게 사람들이 부들부들 떨면서 감동하면서 파시스트를 지지하게 되는 것일까?'라는 의문이 생겼다. 파시즘을 지지하는 사람과 파시즘에 저항하는 사람의 차이가 무엇인가 하는 관심이 아도르노의 사회심리학과 정신분석학 연구의 출발이었다.

미국으로 이주한 아도르노는 버클리대학교 팀과 함께 반유대주의 연구를 위한 기금을 받고 편견 연구를 모은 총서를 제작했다. 그중 하나가 1950년에 출간된 『권위주의적 성격』이다. 어떤 사람들이 파시즘을 지지하는 심리적 구조를 가졌는지에 관한 연구 결과다. 아도르노는 파시즘을 옹호하는 사람에 관한 연구와 권위주의적 성격에 관한 연구를 수행하면서 "저 인간을 죽이자!" 하는 선동 앞에서 "옳소!" 하는 인간의 성격이 어떻게 만들어지는지를 규명하고 싶어 했다. 아도르노와 함께 이 책을 쓴 저자들은 아동 발달을 연구하는 미국의 저명한 교수들이었던 엘제 프렌켈-브룬스비크Else Frenkel-Brunswik, 대니얼 레빈슨Daniel Levinson, 네빗 샌포드Nevitt Sanford다. 아도르노는 이들의 도움을 받아서 사회심리학적,

양적 연구를 수행하여 권위주의적 인격 유형의 특징을 도출하고 F척도를 개발했다. F척도는 권위주의적 성격을 측정하기 위해 고안한 성격 검사다. F척도의 구성 요소는 다음과 같다.

- 관습주의Conventionalism
- 권위주의적 복종Authoritarian submission
- 권위주의적 공격성Authoritarian aggression
- 안티인트라셉션Anti-Intraception: 주관성과 상상력에 대한 반대
- 미신과 고정관념Superstition and Stereotypy
- 힘과 강인함Power and Toughness
- 파괴와 냉소주의Destructiveness and Cynicism
- 투사성Projectivity: 세상을 위험하다고 인식하는 것으로 무의식적 충동을 투사하는 경향
- 성Sex: 성적 일에 대한 과장된 우려

하지만 F척도에서 설정한 아홉 가지 요소가 권위주의적 성격의 집단으로 추정되는 그룹에서 정합적으로 모두 나타나진 않았다. 특정한 행동과 성향에 관한 연구는 기대와 다른 결과가 나타나는 경우가 많았다. 이 연구는 초기에 열광적 지지를 받았으나 후일 좌우 모든 진영에서 다방면의 비판을 받았다.[2] 프로이트 이론의 적용에 대한 비판도 많았고 지나친 단순화, 해석의 오류, 부모의 영향에 대한 지나친 강조, 역사적 맥락의 경시, 검사와 통계의 문제 등

으로 인해 학술적 비판을 많이 받았다.

아도르노는 권위주의적 성격의 형성이 빈부의 차이보다는 문화권의 영향이 더 큰 것으로 보았다. 권력에 대해 무기력하게 반응하고 시키면 시키는 대로 하는 문화의 영향이 아주 크다는 것이다. 또 권위주의적 성격을 가진 이들은 '약한 자아'를 가진 사람들이라는 것을 알았다. 정신분석적으로 보면 주체가 잘 형성되지 않은 아이, 자아가 확고하지 않고 발달상에서 필요한 것이 아니라 불필요한 것으로 채워진 아이가 문제가 될 가능성이 크다고 보았다.

아도르노는 F척도를 가지고 독일로 돌아와서 독일인 1,800여 명에게 설문지를 작성하게 한 뒤 100번 이상 집단 상담을 해서 권위주의적 성격의 학문적, 실용적 적용을 위해 노력했다.

권위주의적이고 조작적인 사람들이 파시스트가 된다

아도르노는 아우슈비츠에서 벌어진 일을 이해하고 또 그런 일들이 재현되는 것을 막고자 매진했다. 어떻게 인간이 인간을 학살할 수 있는가? 그런 일에 연관된 성격이나 상태는 무엇인가? 맹목적인 집단의 명령, 과제, 목적에 저항하지 않는 인간은 어떻게 출현하는가? 아도르노는 그런 성격 경향을 찾고 싶어 했다. 그의 연구 결과들은 권위에 복종하고 따르는 성격과 권력에 의존하고자 하는 권위주의적 성격으로 모여졌다.

아도르노는 권위주의적 성격을 가진 사람들은 약한 자아를 가지고 있고 대용물로서 거대한 집단과의 동일시를 통해 자기를 보호

한다는 것을 알게 되었다. 그래서 권위주의적 성격을 가진 사람들은 현실에서 권력을 가진 사람들과 자신을 동일시하는 경향이 있다고 했다. 자신의 결정을 현실의 권력자에게 양도했기 때문이다. 그래서 권위주의적 성격을 가진 사람들은 권위에 철저히 의존한다. 그들은 무력감, 경직성, 관습주의, 동조성, 무신념, 경험 능력의 결여에 시달린다. 권위주의적 성격을 가진 사람들은 "네 자아는 필요 없다."라는 말을 듣고 성장한 사람들이다. "네 생각은 필요 없어. 네 의견도 필요 없어. 네 느낌도 필요 없어. 다 그렇게 살아."

그들의 약한 자아가 형성된 기원은 무엇일까? 아도르노는 그 기원이 가족 내 발달 과정에서 관계의 문제에 있다고 보았다. 권위주의적 성격의 기원에 대한 답을 프로이트의 발달 모델에서 가져왔다. 성장기에 권위주의적이거나 지배적인 부모의 양육을 견뎌온 개인은 분노나 좌절감을 억누르며 성장한다. 그들이 성인이 되면 무의식적으로 분노나 좌절감을 소수 집단이나 사회적 지위가 낮은 사람들에게 투사한다. 억압된 감정을 다른 사람에게 전위하는 것이다. 다시 말해 과도하게 가혹하고 징벌적인 양육을 받은 아이들은 부모에 대해 큰 분노를 품게 만든다. 하지만 아이들은 부모의 처벌과 반대에 대한 두려움 때문에 부모가 아니라 다른 권위적 인물과 동일시하고 그들을 우상화한다. 부모에 대한 미움이 외부 집단에 대한 적대감으로 전환되며 이 적대감으로 인해 거세되거나 유아화될까 두려워 자신을 억압하고 지낸다.

전위와 억압의 방어기제로 구성된 성격이 권위주의적 성격이다.

권위주의적 성격을 가진 사람들은 강한 자에게 복종하고 약한 자에게 군림하는 성향을 무의식적으로 가지고 있다. 또한 경직되고 편협하며 보수적 신념을 가진다. 그리고 권위에 대한 절대적 복종과 사회적 지위가 낮은 사람들에 대한 지배 성향을 보인다. 권위주의적 성격을 지닌 사람들의 특징을 열거하면 다음과 같다.

권위주의적 성격의 특징[3]

권위주의	권위 있는 인물에 대한 강한 선호와 복종하려는 욕구가 있다. 순응, 복종, 질서를 중시한다.
편협함	일반적으로 인종, 종교, 민족 또는 기타 특성과 관련하여 자신과 다른 사람들을 용납하지 않는다. 편견이나 차별적인 견해를 가진다.
관습주의	전통적 가치와 규범을 강하게 선호한다. 변화에 저항하는 경향이 있으며 확립된 사회 구조에 더 익숙하다.
경직된 사고	종종 흑백 사고에 빠져 문제를 절대적 관점에서 본다. 모호함을 잘 견디지 못한다.
적대감	자신의 세계관과 다르거나 위협적이라고 인식하는 사람을 대할 때 적대적인 경향이 있다.
억압	자신의 감정과 욕구, 특히 사회나 권위가 승인한 규범과 일치하지 않는 감정을 억누르는 경향이 있다.
조작적	무감정, 인간적 경험의 결여, 과도한 현실주의 등이다.

아도르노는 권위주의적 성격 중에서도 조작적 성격 경향이 가장 큰 문제라고 보았다. 조작적 성격의 특징 중 과도한 현실주의는 쉽게 말하면 자신이 수행하는 일에 관한 생각과 감정을 극도로 차단하는 상태다. 예를 들어 세상이나 국가가 어떻게 되든 오늘 내 저

력이 더 중요한 인식을 말한다.

아도르노가 본 조작적 성격은 맹목적으로 자신을 집단 속에 끼워 넣으면서 마치 물질 같은 존재로 만들고 타인에 대해서는 무정형의 대중으로 다루려는 태도를 보인다. 만약 개인적으로 의미 있는 관계가 없다면 인간과의 관계를 고깃덩어리와의 관계와 별다를 바 없이 취급하는 성격이다. 조작적 성격의 사람은 살인하면서 점심 메뉴를 신경 쓴다. 그리고 그 일을 잘 해내는 사람의 효율성을 우상화한다.

아도르노의 위기의식은 자기가 하는 일의 의미는 전혀 생각하지 않고 그 일을 잘 해내는 것의 효율성만 생각하면서 자기의 안위만 걱정하는 유형의 사람들이 생각보다 많다는 것이다. 나치의 괴물들 사이에만 이런 사람들이 있었던 것이 아니다. 인본주의적 의식이 아니라 사물화된 의식을 하는 조작적 성격의 사람들은 파시즘의 강력한 지지자가 될 수 있다.

그는 독일 청년들이 인류에 대한 최악의 범죄인 나치의 인종 학살을 역사적으로 경험했으면서도 계속해서 지지하는 행동이 나타나는 것을 보면서 큰 고통과 충격을 받지 않을 수 없었다. 그는 한 사회에서 파시즘, 전체주의, 극우적 양상의 인간들을 줄여나가는 것은 보통 어려운 일이 아니라는 것을 깨달았다. 그래서 동료 호르크하이머와 함께 과거 청산을 위해 필요한 일로 세 가지를 들었다. 독일과 유대교의 역사적 문제 해결, 반유대주의와 편견의 문제 해결, 청년들이 스스로 삶의 주체가 되게 하는 정치교육이 그것이다.

아도르노는 파시즘과 극우의 선전 선동에 현혹되지 않는 구체적인 방법과 청소년과 청년들을 위한 교육의 임무에 대해 강조했다. 특히 정치교육의 중요성을 지적했다. 그리고 저항, 반권위, 존중의 교육이 강한 자아를 길러낼 수 있는 사회적 과제라고 힘주어 말했다.

2
억압당한 것들에 대한 출구를 잘못 찾다

도덕의 선을 넘을 때 유능감과 스릴을 느낀다

문화사회학자이자 범죄사회학자인 잭 카츠 Jack Katz는 범죄 사회학의 새로운 관점을 제시했다. 범죄를 저지른 사람의 출신이나 배경 등의 사회 환경에 초점을 맞춘 기존 틀이 아니라 범죄자의 주관적 내적 경험을 탐구하는 연구를 진행하고 기초해 범죄 예방을 모색했다.[4] 그의 이론은 범죄자들의 경험과 심리를 이해하는 것을 통해 더 깊게 접근하는 새로운 길을 만들었다는 평가를 받는다.

카츠의 연구, 즉 범죄자의 주관적 경험에 관한 인터뷰 연구에 따르면 살인을 저지른 사람들은 비록 도덕적, 법적 처벌을 알지만 살인의 순간에 자신의 감정에 충실해진다고 한다. 또는 그동안 굴욕 등으로 인해 생긴 감정을 그렇게밖에 처리할 수 없었다고 이야기했다. 거리에서 범죄를 저질렀던 사람들은 종종 거리 상황에 대한 통제력, 사회적 규범에 대한 도전, 경계를 넘나드는 능력에서 스릴과 자신에 대한 매력을 느꼈다고 말했다.

이 범죄자들은 자신을 공식적인 사회에서는 유능하다고 느끼지 못했지만 범죄의 거리에서만큼은 엘리트라고 생각하기도 했다. 잭카츠는 인터뷰를 통해 무능감과 무력감에서 벗어나고자 또 인정과 존경을 받고 싶어서 거리에서의 '간지나는badass' 범죄를 시도한다는 진술을 얻어냈다. 총기를 든 무장 강도들의 경험을 종합해본 결과 내적 경험 속에는 최고조의 각성, 스릴, 자신감, 그리고 상황에 대한 대처 능력을 통한 최고의 만족감이 있었다.

범죄는 어떤 사람들에게 유능감, 스릴, 만족감을 느끼기 위한 유혹이 되기도 한다. 카츠는 무장 강도, 살인자, 거리 범죄자들이 범죄의 목격, 모의, 실행 과정에서 흥분, 권력, 자기통제에 대한 강력한 감정을 경험하면서 범죄의 유혹에 빠져들어 간 사람이라고 본다. 범죄 과정에서 심리적 해방, 기존 도덕의 파괴, 전능한 자기, 일종의 마법사 같은 위대한 자기를 꿈꾸는 욕망이 작동한다. 할리우드의 온갖 범죄 소재 영화, 특히 완전 범죄를 그린 영화들은 더더욱 이런 범죄의 유혹을 불러일으킨다.

일본의 우익 연구가 요시다 유타카는 카츠의 이론에 기초해서 일본 우익 청년들을 인터뷰해 우익 활동의 의미를 분석했다.[5] 그는 우익 청년들의 주관적 경험과 우익 활동을 통해 자신에게 일어난 변화를 인터뷰했다. 그들의 자전적 기억에서 과거는 불우했고 불만에 차 있었다. 좋은 기억보다는 나쁜 기억이 더 많았다. "억압되어 살아왔다." "할 말을 못 하며 살아왔다." "당하면서 살아왔다." "인정받지 못하며 살아왔다." "내 기여를 사회가 인정해주지 않아 분하다." 등 온통 부정적인 경험이 담겨 있었다.

그들이 이런 감정과 기억을 호소했다고 해서 모두 현재 경제적으로 가난하거나 사회적 지위에 실패한 것은 아니었다. 어려운 상황과 여러 트라우마에도 불구하고 평균 혹은 그 이상의 좋은 대학과 좋은 회사에 진입한 청년들도 있었다. 그러나 그들은 현재 상황에 만족하지 못했다. 현재 상황(지위)이 사회적으로 나쁘지 않지만 주관적으로 그들은 원하는 만큼의 존재감을 얻지 못하고 있다고 호소했다. 그들의 삶에는 억압당하고 참고 버텨왔던 많은 불공정, 불공평, 차별이 있었다고 느낀다.

억압당하고 참고 버텨왔던 사람들이 우익 집회를 방송으로 보거나 게시판에 올라온 글을 보면서 발견하게 된 것은 '그들은 할 말을 한다는 것'이었다. 우익 청년들은 우익 집회 맨 앞에 있는 사람의 발언이야말로 자신이 하고 싶은 말이었고 게시판에 올라온 글도 자신이 하고 싶었던 말이었다고 한다. 그래서 집회에 참여하고 게시판에 글을 올리는 넷우익으로 활동하면서 자신이 해야 할 일을 찾은 기분을 느낀다는 것이다.

그들은 자신이 혼자서는 넘어서지 못했던 규범과 도덕의 선을 사람들과 함께 넘어서면서 스릴을 느꼈고 자신이 용기 있는 사람이 되었다는 자아 확장감을 맛보았다고 한다. 우익 활동과 집회 참여는 자신에게 새로운 삶의 기회가 되었기에 우익 활동을 중단할 수 없다고 말했다.

비합리적 억압과 권위는 극우 청년을 만들 수 있다

우익 활동을 통해 가장 많이 하는 경험은 무력감의 해소였다. 많은 우익 청년이 우익 활동에서 위험성이 높은 집회에 용기를 내어 참여하거나 누군가를 공격해야 하는 집회의 전위에 서는 일을 하면서 새로운 감정을 느낀다. 자신의 삶을 오랜 시간 가라앉게 하던 납덩이 같은 무력감이 떨어져 나가는 기분이라고 한다. 또한 위험했지만 자기효능감을 되찾는 경험이었고 스스로에게 놀랐다고 한다.

그들은 위험한 활동을 함께한 동료들과 강력한 유대감을 최초로 맛보았고 자신들이 강력한 집단이라는 소속감을 느꼈다고도 한다. 일종의 의례를 통해 쓸모 있는 일을 한 사회적 구성원으로서 자격을 얻은 느낌이었다고 고백한다. 우익 활동은 무력감과 두려움으로 고통받아온 삶에서 두려움을 이기고 무력감을 떨쳐내게 했다. 우익 청년들은 자신의 마음속에서만 되뇌던 혐오 발언을 사람들과 방송 앞에서 거침없이 한다. 또 이를 지지하는 동료들과 함께 있다는 것에서 살아 있다는 것을 느낀다. 청년들이 우익 활동을 하면서 깨달은 가장 중요한 것은 할 말을 하고 살아야 한다는 것이었다. 할 말을 함으로써 자신의 쭈그러지고 주름진 자아가 쭉 펴지는 변화를 겪은 것 같다고 한다.

"내가 하고 싶은 말을 하지 않고 어떻게 죽을 수 있죠? 죽임을 당해도 괜찮아요. 내가 원하는 건 뭐든지 말할 거예요."

그동안 그들은 존중받지 못하고 의견도 제대로 내지 못했는데 이제는 불만을 이야기할 수 있게 되었다. 우익 집회에서는 불만을 이야기하도록 권유하므로 자신의 욕망을 표현할 수 있다. 물론 많은 내용이 불만, 비난, 혐오, 불공정을 시정하라는 강력한 협박과 주장이다. 하지만 욕 한마디 못 하며 살아온 지난 과거에 비해 욕을 해서라도 주장할 수 있다는 데 만족감을 느낀다. 마이크 한 번 잡아보지 못했다가 이제 빈번히 대중 앞에서 마이크를 잡는 일을 하는 자신을 대견하게 여기기도 한다.

할 말을 하며 살고 있다는 기분은 이전에는 알지 못했던 기분이다. 소심한 성격으로 혐오와 권위에 짓눌린 경험과 젠더 문제에서 자신의 속마음을 밝히지 못해 억압된 마음이 해소되어 진정한 자신을 찾은 기분이 든다. 더 나아가 역사의 주인공이 되었다는 자긍심마저 느낀다. 사회적으로 한 진영을 감당하는 중요한 사람이 됨으로써 자존감이 회복되었다고 느낀다.

그러나 우익 활동을 통한 억압된 자아의 해방은 안타깝게도 우익 활동 집단 안에서만 가능하다. 우익 활동을 벗어난 다른 사회 현장에서는 불가능하다. 일종의 일탈 같은 체험 활동에 머무른다. 동아리나 취미 활동 같은 경험이다. 정치적으로 조직된 활동가의 영역으로 깊숙이 들어간 일부 우익 청년을 제외하고 상당히 많은 청년은 그 체험이 현실에서는 지속될 수 없다는 것에 당황스러워 한다. 문제는 조직된 우익 활동이 많아지고 청소년 캠프, 청년 캠프 같은 것이 생겨나면서 참여할 기회가 느는 것이다. 나치도 청소년 캠프와 청년 캠프를 통해 제한된 우익 체험을 확장해갔다.

그뿐만이 아니다. 우익 체험의 확장을 언론이 부채질하기도 한다. KBS「추적 60분」에서 방영한 '계엄의 기원' 1부와 2부에 등장하는 우익 활동가들은 이렇게 자신들이 주목받고 이야기가 뉴스에 강력하게 실릴 줄은 몰랐다고 말한다. 자신의 추정이나 생각이 우익 언론에서 대서특필하면서 눈덩이 구르듯이 커지는 과정을 보고 얼마나 희열을 느끼며 팽창된 기분이 들었겠는가. 그리고 자신이 얼마나 중요한 사람이 된 느낌에 빠졌겠는가. 그러나 우익 활동이 주변의 공감을 얻지 못하면서 양가적 감정을 갖게 된다. 하루아침에 역사의 주인공이 되었으나 또 하루아침에 개념 없는 몰지각한 공상가로 조롱당하는 경험을 하게 되었다.

잭 카츠는 범죄 유혹 이론에서 행위자의 관점에서 제공되는 것이 무엇인지를 파악할 것을 강조한다. 그런 다음에 이를 차단하거나 대체함으로써 그 쾌감과 유혹의 속성을 제거할 수 있는 방법을 찾으라고 한다. 그는 말할 기회를 주는 사회, 비권위주의적 사회, 억압이 적은 사회가 되는 것이 극우 활동을 예방하는 중요한 해법임을 제안한다.

3
청년들은 극우에서 구세주를 찾고 있다

청년들은 위선적인 정치에 배신감을 느끼고 극우 운동에 빠진다

신자유주의의 과도한 경쟁 체제에서 성공하지 못하고 상처받고 도태의 위기에 처해 극우 예비군이 될 수 있는 청년 집단들이 곳곳에 있다. 그런데 신자유주의 사회에서 실패자들은 자기 탓을 한다. 그들은 제도나 정권 등 사회를 개혁하려는 노력을 기울이기보다 자기 자신을 착취하며 개인의 성공 신화라는 이데올로기에 맞춰져 있다. 신자유주의 정책가들은 이런 면에서 여전히 매우 성공적이다.

신자유주의 사회에서는 성인으로 독립하기조차 어렵다. 더군다나 사회는 복지를 축소하고 공동체는 무너졌다. 개인은 외롭고 고립이 됐다. 이 상태에서 사람들은 마치 거세된 채로 지내는 기분과 힘의 원천인 머리카락을 잘린 삼손처럼 지내는 기분으로 살게 한다. 분노의 에너지조차 없는 청년들이 많다. 이 청년들이 극우의 입구로 더 많이 몰려가는 이유가 있다. 진보 세력이 권력을 잡아 정권이 바뀌어도 큰 변화가 없다. 세상을 바꾸겠다고 해놓고 자기 자녀들만 챙긴 중산층 진보 집단에 대한 커다란 배신 때문에 극우로 향한다. 중산층 진보 집단도 탐욕스러운 보수 집단도 자신들만 잇속을 차린 엘리트였다.

청년들의 삶을 성공으로 이끌지 못한 집단의 지도자들에 대한 실망과 배신감은 좌파 정당이나 우익 정당이나 모두 똑같다. 정치에 배신감을 느낀 청년 집단들은 제도권 밖에 극우화된 종교 집단이나 극우 운동 집단 등에서 소속감을 느끼며 모여든다. 청년 우익의 예비 저수지가 만들어지는 것이다.

힘겨운 자아를 이끌며 미래를 잃어 당황스러운 청년들은 희망을 상실했다. 희망을 잃은 자에게 희망을 선동하는 사람은 누군가? 약한 자아로 힘겨워하는 청년 대중에게 최면을 거는 사람들이 등장하기 시작했다. 신흥 종교와 사이비 종교는 외롭고 힘겨운 청년들과 정체성이 불안정한 청년들을 포교의 대상으로 삼는다. 이 연약한 청년 대중에게 자신들이 품은 이상 실현하기, 부자 되기, 자기 권리 되찾기, 사회적 자리 만들기와 같은 이슈로 최면을 걸면 청년들은 속절없이 빠져든다.

미국의 정치심리학자이자 정신분석에 조예가 깊은 클라우디아 립Claudia Leeb은 대중 최면 상태가 청년 집단 곳곳에서 발견된다고 주장한다. 청년들이 우익 선동가나 지도자들에게 자아를 내던지거나 마음속에 그들을 내사한 상태가 될 때 프로이트가 말한 대중 최면 같은 상태가 일어난다는 것이다. 청년들은 자신에게 희망을 주는 사람에 대해 동일시를 넘어 자신의 마음에 그 사람을 주입하는 과정을 통해 마치 최면에 걸린 집단처럼 보인다고 진단했다.

물론 이전에도 자신의 꿈을 이루지 못하고 실패하고 좌절감을 느껴온 사람들이 위대한 사람의 영향을 받아서 그 꿈을 함께함으로써 위대한 사람이 될 수 있다고 생각하는 현상이 있었다. 과거에는 히틀러의 강력한 지지자였고 지금은 트럼프의 지지자라고 할 수 있다. 신자유주의 체제에서 낙오된 수백만 청년 중 일부는 자신의 자아에 대한 지배권을 극우 지도자에게 주고 그가 자신을 강력하게 이끌어줄 것을 주문한다. 어차피 자신의 힘으로 이상을 성취하거나 남들이 부러워할 만한 성공을 이뤄내거나 사람들이 선망하는 기준에 부합하긴 어렵기 때문이다. 내 힘으로 사회적 장벽을 뛰어넘기는 불가능하다는 청년들의 무력감을 극우 지도자들이 이용하고 있다. 가짜 희망과 강력한 힘을 가진 것처럼 느껴지게 하는 대중 최면을 거는 것이다.

극우 선동가들은 구세주나 아버지가 되려 한다

"너희들이 성공하지 못한 건 이유가 있어. 너희들이 갈 자리를 히스패닉한테 준 거야. 너희 자리를 여자들이 다 가져간 거야. 원래 그 자리는 네 자리야. 그 자리를 다시 찾기만 하면 너는 멋진 직장인이 되고 찐따에서 벗어나 당당한 주인이 될 수 있어. 내가 꼭 그렇게 만들어줄 거야."

자아가 빈곤한 추종자들은 이러한 속삭임에 자신의 자아를 지도자에게 넘겨주고 무비판적인 사람이 된다.

"그가 옳다고 그러면 그냥 옳은 거야. 더 생각할 필요가 없어. 내 생각 따위는 필요 없어. 그를 따르면 돼."

지도자를 내재화하는 이러한 현상이 최근 미국 정치 집회에서 잘 구현된다고 한다. 가장 대표적인 것이 트럼프 집회다. 트럼프 집회에 참석한 우익 대중은 트럼프의 당당함에 매료된다. 차마 자신은 도저히 할 수 없는 말을 거침없이 하기 때문이다. 그 과정에서 억압이 풀리는 느낌, 해방된 느낌, 고조된 느낌, 자신의 자아가 팽창되는 느낌을 받는다. 더 나아가 트럼프와 함께 위대한 미국을 만드는 일원 중 한 사람이 되고자 한다.

억압된 충동을 함께 해결하는 집단적 경험을 통해 사람들은 점차 파시스트 선동가들의 선전 선동에 익숙해진다. 선전 선동에 휘말릴수록 빈곤한 자아가 채워지는 듯하고 자신이 지도자나 중요한 일원이 된 것 같은 기분에 사로잡히기도 한다. 최면이 걸리면 최면술사에게 복종하고 순응하게 되는 것과 같다.

프로이트는 대중 지도자는 최면술사와 유사하고 대중을 최면 상태에 빠지게 하면서 이 상태를 매혹적으로 경험하게 하는 특징이 있다고 말했다. 최면에 빠진 사람은 최면술사를 따르면서 무의식적으로 자신의 의지를 내어준다. 그렇게 되면 대중 지도자에 점점 더 빠져들게 되고 비합리적인 지시와 명령도 받아들이면서 폭력적이고 퇴행적 행동도 서슴지 않게 하게 된다.

극우 선동가들은 마치 종교 지도자처럼 행세하고 자신을 구세주나 아버지로 받아들이게 한다. 최면에 걸린 대중은 과거 아버지의 말을 잘 따르지 못한 것을 후회하면서 이 새 아버지의 말을 잘 따르고 지배에 순종한다. 무능한 현실의 아버지는 자신에게 제대로 해준 것이 없었는데 극우 지도자들은 자신을 높이 끌어올리고 해야 할 중요한 일이 무엇인지 분명하게 제시한다. 그리고 그 전리품들을 우리가 가질 수 있다고 선동한다. 패배를 주로 맛본 사람들에게 우리가 이겼다며 소리 지르고 사람들을 퇴행시킨다.

위축된 청년들은 사이비 종교집회에서 치유받는다

트럼프는 간혹 자신을 반대하는 시위대를 두고 자신의 지지자들에게 과감하게 말한다.

"정말 그놈의 얼굴을 갈겨주고 싶다. 누군가 저 재수 없는 인간의 얼굴을 갈겨줘라. 그 자식을 때려눕힐 수 있지? 걱정하지 마. 의료비와 변호사 비용은 내가 다 대주겠다."

강한 마초 아버지상을 부각하면서 나약하고 억압된 아버지상과 대조시킨다. 사람들은 강한 아버지상에 열광한다. 특히 젊은 청년들은 트럼프야말로 백인 중산층의 돌아온 아버지로서 자신의 꿈을 이루어줄 것이라는 확신을 품는다.

"여러분 우리는 일자리를 찾을 것입니다. 제가 찾아드릴 것입니다. 우리 일자리를 빼앗은 이민자들을 다 내쫓을 것입니다. 거기는 원래 우리 자리입니다. 바로 여러분 자리입니다. 위대한 미국을 만들었던 우리를 부패한 민주당 엘리트 새끼들이 이렇게 만들었습니다. 여러분 일자리를 제가 다시 찾아올 것입니다. 일하고 퇴근하면 아름다운 아내와 행복한 시간을 다시 가질 수 있습니다. 이것이 정의입니다. 이것을 누가 방해하고 있습니까? 우리가 이렇게 하는 것이 정의가 아니고 무엇이 정의입니까?"

트럼프의 선동은 정서적 친화력이 있다. 실제 아버지들은 제 살 길 바쁘고 계승이나 전수도 없으며 잔소리만 늘어놓기 바쁘다. 어머니는 올바른 이야기만 하면서 도움은 주지 않는다. 박탈당하고 위축되고 미래에 희망을 느끼지 못했던 청년들에게 트럼프는 훌륭한 항우울제가 된 셈이다.

트럼프는 대중에게 우울감에 빠져 있지 말고 집회에 참여하기를 촉구한다. 트럼프의 집회 방식은 기독교의 부흥회처럼 기획된다고 한다. 집회는 형광 불빛이 곳곳에서 비추고 유명 가수들의 콘서트나 공연장을 연상케 한다. 이곳에 온 사람들은 마치 거대한 최면에 빠진 군중이 되어 트럼프의 선동에 동의하고 감탄하고 행동한다.

극우 선동가들의 발언에서 정책이나 공약은 중요하지 않다. "미국을 다시 위대하게!" 이 구호만 수없이 외친다. 그다음으로 흔한 구호는 자신이 어떻게 여기까지 오게 됐는지, 자신이 한 것이 무엇인지를 알리는 것이다.

"이것도 내가 했다. 저것도 내가 했다. 또 이것도 내가 했다." 극우 선동가들은 자신이 무엇을 했다고 하다가 어떤 대목에서 "우리가 했다. 우리가 같이했다. 너희들이 있어서 할 수 있었다."로 방향을 전환하는 공통점이 있다고 한다. 이 선동은 참석한 사람의 자아를 최대한 고양해서 자신이 마치 중요한 인물이 되어 중요한 일에 동참하고 있다고 착각하게 한다. 그리고 사람들의 자아를 서로 융합해 집단적 거대 자아를 느끼도록 함으로써 결속감을 강화하는 효과를 발휘한다고 한다.

극우 파시스트 선동에 따른 또 다른 강력한 심리적 결속은 도덕적 올바름에 대한 억압의 해제로부터 이루어진다. 평상시 할 수 없었던 의식적 억압 속에 있던 말을 선동가들은 과감히 한다. 특히 트럼프 집회에 위선에 대한 욕설, 잔소리에 대한 비난, 잘난 척하는 중산층 좌파에 대한 비꼼, 중도 또는 좌파 정부의 실책에 대한 통렬한 공격이 많다. 거침없이 하는 말을 듣는 사람들은 해방감을 느낀다.

"평등을 지향한다고 하면서 사실 평등해진 게 뭐가 있어? 지난 정부에서 부동산이고 교육이고 뭐가 나아졌어? 이제 우리는 너희가 나아진다고 하는 거짓말에 지쳤어. 당신들의 자식들만 나아진 거잖아. 안 그래?"

극우 선동가들은 좌절된 자아를 지닌 대중과 함께 신나게 반격의 욕설을 하면서 정의, 도덕, 진리를 비난한다. 선동이 난무하는 공간은 어느덧 억압된 자아가 해방감을 맛보는 멋진 축제의 장이 된다. 특히 선동가가 기존의 도덕관념에서는 비난받을 수 있는 말을 영웅적으로 하는 것에서 대중은 큰 카타르시스를 느낀다.

트럼프는 많은 남성이 참여한 집회장에서 여성이 한 달에 한 번 하는 월경이 역겹다고 발언하기도 했다. 그가 한 말에 청중은 놀랐지만 그런 말을 할 만큼 강한 사람이라는 사실에 더 놀라워했다. 그간 자신도 말하고 싶었는데 못했던 것을 대신 해주는 그에게 감사 이상으로 마치 빚을 졌다는 느낌까지 받았다는 보고도 있다. 트럼프는 PC 문화에 대항하는 사람, 엘리트들이 쓰고 있는 위선의 가면을 벗겨내는 사람으로 추앙된다. 공개 집회에서 그런 말을 어떻게 할 수 있느냐는 사람들의 반박에 트럼프 추종자들은 이렇게 말한다.

"그 내용이 중요한 게 아니야. 그런 말을 할 수 있는 용기가 있다는 것이 중요한 거야. 그건 엄청난 자신감이야."

우익 대중에게 자신감이란 엄청난 회복이다. 그들은 우익 선동가의 말과 집회의 열광된 분위기에서 그 무력감에서 빠져나올 수 있었다. 부끄러워 드러내지 못했던 감정을 드러낼 힘이 우익 집회에 참여함으로써 길러진다고 한다. 트럼프나 극우 선동가들을 통해 이들은 우익 전사로 거듭난다. 반대편과의 대화나 논쟁은 거부하지만 자신의 주장은 강하게 펼칠 수 있는 사람으로 바뀐다. 입만 살아 있는 사람들과 거짓말에 기초한 논쟁을 하느니 조롱하고 대화하지 않는 것이 낫다고 생각한다. 그래서 일방적으로 말하고 일일이 대꾸하지 않고 논쟁하지 않고 힘을 과시한다. 그렇게 할 수 있는 힘이 자신에게 있고 우익 대중 집회를 통해 그런 힘이 길러진다는 것이다. 그들에게 우익 집회는 큰 힘의 진원지다.

우익이 주장할 때 내세우는 핵심 근거는 둘이다. 하나는 이익이고 또 하나는 신의 뜻이다. 그들의 이익을 공유하고 지키도록 돕는 세력 중 하나가 종교다. 종교는 극우 행동의 가장 큰 근거를 제공한다. 극우 종교 지도자와 극우 선동가는 신이 세운 사람임을 보증한다.

극우를 지지하는 종교 세력은 우익 집회의 빈약한 정당성과 도덕성을 채우고 공통의 이익을 추구하기 위해 신의 뜻을 활용한다. 극우 종교 지도자와 극우 선동가는 자신들을 정당화하는 데 신을 동원하지만 정확하게는 부패한 종교 지도자들과 협력하는 것이다. 부패한 종교 지도자들의 권위를 모아 신의 뜻으로 세운 파시스트 선동가는 그래서 대항할 수가 없다는 논리가 형성된다. 신의 뜻에 따라 세워진 신의 메신저라는 것인데 이러한 논리의 전개를 거역하지 못하는 청년들이 많다. 저항 없는 충성이 가능해지는 대목이 바로 이 연결 고리다. 카스 무데는 파시즘을 포함한 극우 선동가들의 사상과 철학은 그 자체로 빈약하기 이를 데 없어 탐구할 것이 없다고 말한다.[6]

클라우디아 립과 동료들은 아도르노와 프로이트를 통해 우익 대중의 심리를 읽고 청년 우익 대중의 행동 양상을 이해할 것을 제안한다. 경제적 문제뿐만 아니라 우익 대중의 심리에는 빈약한 자아로 인해 자아를 대체할 존재에 대한 갈구와 동일시를 넘어 자신의 내면을 이루어줄 존재를 찾으려는 욕구가 있다. 그런 대상이 주입

되면 거역할 수 없는 행동을 하도록 요구받고 최면에 빠진 상태처럼 되어 그 대상에 열광하며 추종자가 된다. 더욱이 그 대상이 종교와 만나면 더 강력한 권위를 갖게 된다.

아도르노는 취약한 자아, 무비판적 자아, 권위에 저항하지 못하는 자아가 이런 투사, 동일시, 암시, 억압에서의 해방 등에 잘 넘어간다고 말했다. 극우 선동가들은 상처받은 자아가 희구하는 의존과 억압으로부터 해방되는 쾌감을 극적으로 잘 이용한다. 극우화가 되지 않으려면 그에 대한 문해력을 길러야 한다. 최면에서 깨어날 힘과 거절할 힘을 키워야 한다. 그래서 청년들이 강한 자아를 갖고 비판적 사고를 할 수 있는 능력을 갖추도록 돕는 것이 중요하다.

4
피해자에서 가진 자 그리고 가해자가 되다

피해자가 자기자신을 '공격자와의 동일시' 하고 순종한다

 한 청년의 부모는 의료급여 덕분에 적은 비용으로 암을 치료할 수 있었다. 부모는 잘 회복되어 현재 건강하게 지내고 있다. 암 치료 지원 제도는 부모의 삶에 큰 지원이 되었다. 그런데 그들의 자녀인 청년은 의료급여 확대 법에 반대하는 투표를 했다. 결국 그 법은 통과하지 못하고 의료급여가 제한되었다.

 문제는 그 청년에게 일어났다. 암에 걸린 것이다. 결국 청년은 많은 빚을 져서 치료를 받았다. 그런데도 그 청년은 자신의 어려운 처지를 두고 그 원인이 열심히 일해 돈을 벌지 못한 자신에게 있다고 생각한다. 청년은 사회 부조는 도덕적 악이라고 생각한다. 그리고 사회적 약자를 위한 여러 지원 정책과 배려는 더 이상 제공해서는 안 된다고 주장한다. 이 청년은 어떻게 이런 의식을 갖게 되었을까?

정신분석가들은 이런 의식이 '공격자와의 동일시'와 깊은 관련이 있다고 본다. 즉 자기 자신을 가해자와 동일시하는 것이다. 특히 어려움에 부닥쳤던 청년들이 우경화되는 의식의 흐름과 전개 과정을 '공격자와의 동일시'로 분석하는 학자들이 많다.

'공격자와의 동일시'는 안나 프로이트가 말하면서 유명해진 개념인데 사실 헝가리의 정신의학자 샨도르 페렌치Sándor Ferenczi가 먼저 이론화한 개념이다. 페렌치는 어린 시절 극심한 가정 폭력에서 살아남은 성인 환자 중 일부가 부모에 대해 증오, 혐오, 적극적 거부와 같은 반응을 보이지 않고 오히려 순종하고 심지어 신성시하며 과거를 잊은 듯이 지낸다는 것에 놀랐다. 그들이 자신의 학대자이자 공격자에게 복종하는 이유는 힘이 없던 어린 시절에 적응해야 했던 탓이다.

아이들은 폭력의 피해자였으나 부모가 없으면 살 수 없는 환경을 두려워하기 때문에 부모의 통제, 즉 학대를 받아들여야만 했다. 학대가 다 이유가 있는 것이라고 생각해야만 했던 것이다. 그래야 생존할 수 있었다. 만일 부모가 자신을 버리거나 집에서 나가라고 하면 생존할 수 없기 때문에 가족의 소속감을 유지하고 오히려 충성과 순종을 보여서 살아남았다. 그리고 그것이 자신의 인격이 되어버렸다. 그래서 가해자나 공격자가 원하는 대로 행동하고 생각하고 느끼려고 노력하는 삶을 산다.

이 과정에서 독립적 사고 능력을 잃고 왜곡된 도덕을 수용하게 된다. 부모가 혼내는 데는 마땅히 이유가 있고 또 자신이 잘못했기 때문이라고 생각하면서 자신에게 문제가 있다고 생각하는 습관이 고착된다. 부모에게 옳고 그름에 대한 기준이 있는 상황에서 자신에 대해서는 비판, 책임, 의무만 남는다. 이제 부모를 힘들게 하는 것은 바로 악이 되어버린다. 그리고 자신에게 은혜를 베푼 공격자를 보호하는 것이 중요한 책무가 된다. 부모를 힘들게 할 때 자기 탓으로 돌리는 것도 모자라면 남 탓을 하고 희생양을 찾는다. 스스로가 나쁘다는 느낌에서 벗어나려고 시도하는 것이다. 그들은 자기 자신이나 주변이 나쁘다는 생각만 하지 부모가 잘못했다는 생각은 하지 못하게 된다.

이런 사람들은 부모로 인해 힘들어질 때 위로받고 싶은 생각이 들기도 한다. 그래서 때로 부모에게 위로를 요청한다. 하지만 부모가 자신을 힘들게 한 사실을 부인하거나 거절하면서 비난하면 다시 상처를 크게 받는다. 그래도 부모를 비난할 수는 없어서 자신이나 다른 무언가를 비난할 수밖에 없다. 아니면 더 강해져야만 한다고 생각한다.

페렌치는 부모의 위선이 공격자와의 동일시 상태에 처한 아이의 정서와 정신을 완성한다고 말했다. 그래서 아이는 부모와 정서적 접촉을 다시 시도하지 않고 자기 생각과 감정을 더 차단하고 혼자 이겨내야 한다. 더불어 불안감을 억누르며 살아가야 한다. 그래서 그들의 삶의 선언문은 다음과 같아진다.

"나는 당신이 원하는 대로 생각하며 느끼고 행동하겠습니다. 그리고 당신이 합리적이고 선하다고 느끼겠습니다. 모든 나쁜 사건과 나쁜 감정에 대해 저 자신을 탓하겠습니다. 그러니 저를 아프게 하거나 버리지 마세요."

피해자는 '공격자와의 동일시'를 통해 협력자가 되고 만다

잘못된 것에 대한 비합리적 순응은 공격자와의 동일시 때문이다. 독일과 미국에서 활동했던 사회심리학자인 에리히 프롬은 이 프레임으로 많은 독일인이 나치 통치자에게 열렬히 순응한 현상을 설명했다. 또한 사회적으로 성공하기 어려운 미국 사회에서 사람들이 순응을 통해 성공하려는 시도도 공격자와 동일시 모델로 이해했다.

미국의 사회학자 데이비드 리스먼David Riesman 등이 1950년에 '타인 지향적 인간'이라고 묘사한 이후로 사회심리학자들은 페렌치가 말한 공격자와의 동일시라는 현상은 널리 퍼져 있는 인간의 반응이라고 말해왔다. 특히 스탠리 밀그램Stanley Milgram의 유명한 '전기 충격 연구'에서 순종 상태나 필립 짐바르도Philip Zimbardo의 '스탠퍼드 감옥 실험'에서도 공격자와 동일시 현상은 중요한 이해의 근거로 활용되었다. 학대를 당하는 사람들은 가해자의 공격이 힘들면 이렇게 힘들게 하는 것은 모두 이유가 있다고 생각한다. 더 특별히 사랑해서, 더 특별한 사람을 만들려고, 더 훌륭한 인간이 되라고 고통을 주는 것이라고 받아들인다. 그래서 그 고통을 통해 자신이 훌륭한 사람, 특별한 사람이라는 자기애를 발달시키고 더 강해지고 더 완벽해져서 고통을 이겨내려고 한다. 이 과정에서 자기애와 전능 환상이 더해진다. 이 심리로 인해 자율성, 힘에 대한 의식, 권력에 대한 의식이 강해진다.

더불어 학대자를 주변에서 공격하거나 힘들게 하면 동조하기는커녕 학대자와 같은 입장을 취한다. 그것은 이미 가해자 학대자에게 순종하면서 학대자와의 동일시가 진행되었기 때문이다. 자기 안에서 학대자를 제거하는 것은 결국 자신의 소멸을 의미한다. 학대자에 대한 공격은 자신에 대한 공격이 된다. 또한 학대자의 실상이 밝혀지면 동시에 자신도 무너지게 된다는 생각으로 변해 있기 때문에 동조한다.

학대자와의 동일시를 통해 성장한 청년은 학대자의 가치를 부정할 수 없고 학대자의 선동에 동조할 수밖에 없다. 가부장적이며 보수적이고 학대받으며 성장한 배경이 있는 정치인들은 청년들을 향해 헌신과 순종을 요구한다. 청년들은 정치인들이 기존의 가치를 지키고 가족을 유지하고 자신이 가진 능력을 발휘하면서 그 누구에게도 의지하지 않고 지내는 사회와 그런 사람들을 지켜내는 정부가 필요하다고 선동하는 것에 문제의식을 느끼지 않게 된다.

극우 선동가와 우파 정치인들이 청년층에 주입하는 공포의 내용은 크게 세 가지가 있다. 첫째, 기존 가치의 소멸, 자기 가족의 부정, 전통의 상실로 포장되어 있다. 하지만 그 이면에 있는 기업의 이익, 지주의 이익, 총기 사업의 이익으로 발생할 수 있는 공포는

가려버린다.

둘째, 마치 침입과 침범이 일어나는 것처럼 한다. 그 침입과 침범으로 청년들이 자리를 잃고 그 자리를 다른 사람들이 차지한다는 선동이다. 그 과정에서 위기의식에 빠진 청년 중 일부는 약자에 대한 배려도 고민할 수 있다. 하지만 청년 내면에서 일어나는 비판의 목소리는 애당초 봉쇄된다. 그저 공포만 지배할 뿐이다.

셋째, 선한 우파 정치인이나 우파 종교인이 공격받아 사회가 전복될지도 모른다는 두려움을 불러일으킨다. 선동가들은 청년들에게 이 위협을 전하면서 마치 부모와 마을 목사님이 공격받는 것처럼 과장한다. 그리고 부모와 자신의 믿는 종교와 종교인들을 지켜내라며 순종과 헌신을 요구한다. 특히 사이비 종교인이나 세력이 약화되고 있는 종교인이 이런 면을 십분 활용한다.

우리나라에서도 최근 우파 청년들이 양성되는 큰 사회적 집단 중 하나가 종교 세력이며 그중 기독교 세력이 논란이 되고 있다. 그들은 자신들의 세력을 결집하고 성장시키는 데 이런 위기의식을 충분히 활용하고 있다. 극우 선동가나 우파 정치인들이 청년들에게 요구하는 것은 창의적, 비판적 사고가 아니라 보호, 충성, 헌신을 요구하고 적으로 상정하는 사람들에 대해서는 보복과 복수를 요구한다.

피해자는 피해 의식에 빠지면 연민보다 무임승차로 바라본다

부자 세금 감면, 기업 규제 철폐, 복지 예산 축소 등에 대해 우익화가 된 일부 가난한 사람들은 단호하게 옳은 조치라고 말한다. 자신의 부모, 부모와 연관된 집단, 또 자신이 속한 집단의 이익을 정부가 줄이고 있다고 생각하기 때문이다. 그리고 자신들에게 돌아와야 할 몫을 엉뚱하게도 이민자와 같은 이방인에게 빼앗기고 있다고 믿는다. 이러한 믿음은 그들이 동일시한 사람들, 즉 자신의 가해자인 극우 선동가나 우파 정치인들이 주장해온 것이다.

일부 가난한 사람들은 자신을 지배하는 부자에게 충성한다. 그래야 자신이 부자가 될 기회를 얻을 것이라는 환상에 빠져 있다. 혹은 자신도 개인적 능력으로 부자가 될 것인데 자신의 능력과 노력으로 얻은 것을 남에게 빼앗기는 것이 싫기 때문이다. 그들은 노력하지 않는 사람과 애쓰지 않는 사람을 희생양으로 삼는다. 예컨대 일하지 않는 실업자에게 돈을 주는 것을 반대한다. 사회적 안전망은 결국 도덕적 해이를 일으킬 뿐이라고 거부한다. 그리고 무한한 자유를 보장하지 않고 사회 세력이 개입하는 것은 자연의 원리를 위배하며 개인의 권리를 침해하는 것으로 생각한다. 그들에게 평등은 사회주의 이념이고 사회주의는 악이다. 혹은 이미 악으로 증명되었다. 사회적 지원은 부자의 것을 일방적으로 빼앗아 나눠주는 강탈이라고 생각한다.

공격자와의 동일시를 겪은 사람들은 자신이 받은 학대에 대한 대가 의식이 확고하다. 그들은 자신이 겪은 학대로부터 비롯된 자기애가 있다. 그리고 그 고통을 이겨낸 사람으로서 특권을 주장한다. 그들은 자기애에 대한 보상으로서 특권을 나누는 것이 불가능하다. 쉬운 말로 "내가 혼나면서, 참으면서, 고생해서 얻은 것을 누군가와 쉽게 나눈다는 것은 있을 수 없다."라는 입장이 강고하다. 무임승차 반대론은 인천국제공항공사 사태부터 시작해서 현재 팽배하다. 고생과 학대에 대한 편집적이고 자기애적 보상 의식이 작동하기 때문이다.

그들은 자유를 누리고 이익을 얻을 수 있는 집단에 소속되기를 갈망한다. 학대로부터 자유롭게 될 방법, 즉 성공과 해방의 길을 우파가 제공한다고 생각한다. 자신의 능력을 최대한 개발할 수 있는 전능감에 대한 환상과 그 보상으로 인한 경제 사회적 지위가 자신의 소속감과 정체성을 바꿀 것이라는 믿음이 굳세다.

그들에게 있어 개인들의 경쟁과 자유에 개입하거나 성공의 길을 가로막는 세력은 적이 된다. 적이 내세우는 돌봄의 사회 정책들은 도저히 받아들일 수 없어 공격의 대상이 된다. 노력하지 않는 자들, 변명하는 자들, 그 어떤 것도 하지 않는 자들을 위한 정책은 폐기되어야 한다. 그리고 입으로 나불거리면서 지적질만 하는 사람들에 대한 증오가 크다. 동시에 미국식 표현으로는 새치기하는 세력에 대한 증오도 크다. 젊은 자유주의자는 어떤 면에서 나이 든 자유주의자보다 더 잔혹하기도 하다. 그들의 경쟁이 더 잔혹했기 때문이다.

자신들이 목표하거나 추구하는 바를 이루지 못하는 혹은 뜻대로 되지 않는 이유는 '무엇' 때문이다. 이 '무엇'이 나라마다 사회마다 다르다. 극우 파시즘 선동가들은 가해자와 학대자의 위선, 눈 막음, 무비판적 사고의 장치들을 이용한다. 더불어 학대받은 자들의 공격성 분출을 위한 희생양을 제물로 바친다. 이 제물이 바로 '무엇'이다. 이 '무엇'은 어떤 경우에는 여성이 되고 어떤 경우에는 타민족이 된다. 특정 종교가 분노 표출의 대상이 되기도 한다. 사회는 그들의 자기애적 상처에 대한 분노 표출과 자신을 방해하는 세력에 대한 편집증적 집착으로 말미암아 공격과 수치심이 넘쳐나고 처벌적이고 통제적으로 바뀐다.

경제적으로 어렵고 지위를 위협받는 시대에는 사람들이 심리적으로 우울해진다. 그리고 생존을 걱정하며 암울하게 살게 된다. 이 우울감과 암울함을 누가 어떻게 유혹하고 달래는가가 정치이고 이데올로기라고 볼 수도 있다. 능력이 부족하고 사회적 지원이 아쉬운 청년들이 느끼는 이 우울감과 암울함을 제거할 수 있는 지원은 무엇일까? 어떤 이데올로기와 정책이 그들을 달래줄 수 있을까? 특히 우리 사회처럼 청년들이 공격자와의 동일시 심리를 겪고 있을 가능성이 큰 나라에서 우익 선동가들의 공정, 공평, 자유, 책임에 관한 아젠다는 설득력이 높을 수 있다. 그래서 청년과 관련한 사회 정책이나 저출생 정책 등은 성공하기 어려울 수도 있다. 이런 정책은 우익화 세력에게는 불공정하고 불공평한 특혜일 뿐이기 때문이다.

미국의 정신분석가 제이 프랑켈Jay Frankel은 이익을 추구하는 기업이나 특정 집단의 위선이 자신의 이해와 다르지 않다고 생각하는 사람 중에는 학대받은 가해자와 동일시된 사람들이 많다고 했다.[7] 우리나라에서도 사회적으로나 경제적으로 대척점에 있는 계층의 사람들이 자신의 이익에 반하는 정책을 추구하는 정당을 지지한다.

6장 한국 극우 청년을 위한 이해의 시도

1
청년들은 불행해왔고
지금도 불행하다

청년세대의 극우화는 세계적 흐름이 되고 있다

　일반적인 한국 청년 집단에서 극우화가 진행되고 있다고 말하기는 아직 섣부르다는 견해가 많다. 정치학 전문가들도 세대적 접근을 통해 극우화를 이해하려는 시도에 동의하지 않기도 한다. 현재 우리나라에서 청년 극우화는 아직 더 연구해야 할 바가 많다. 전문가들이 우려하고 합의하는 것은 극우에 가까운 우익의 탄생이 시작되었다는 것이다. 그러나 그 확장성이나 응집성에 대해서는 관찰이 더 필요하다.

　한편 극우 유튜버들을 포함해서 극우 종교인, 활동가, 일부 극우 정치인들은 청년들의 극우화를 위해 상당한 공력을 기울이는 것으로 보인다. 실제 일부에서는 소위 정체성 정치, 세대 포위 정치라는 정치 전술을 통해 청년 세력을 친위대처럼 만들려는 시도가 있었다. 그러나 현재 크게 성공하고 있는 것 같지는 않다. 아마 앞으로도 여러 세력에서 청년층을 대상으로 극우화 혹은 우익화하기 위한 노력은 계속될 것으로 보인다.

하지만 세계적 추세로 보면 청년층의 보수화와 극우화의 경향은 이미 여러 나라에서 나타나고 있다. 오스트리아, 독일, 프랑스를 포함한 여러 나라에서 극우 득표율이 높아졌다. 선거 통계 혹은 지지율 통계를 확인해보면 극우에게 표를 던진 청년 남성들의 비율이 높다.[1]

저성장 시대 청년들의 불안과 불만을 헤아릴 수 있어야 한다

세계사적으로 현재 청년들의 상태는 불우하다. 취업, 결혼, 건강에 이르기까지 청년들의 불행은 어른들의 불행보다 심각하다. 단지 어른들만 그렇게 느끼지 못하고 있을 뿐이다. 우리나라 청년들은 더 불행하다. 신자유주의 경제의 영향 아래 IMF 외환위기와 금융위기 즈음에 태어나 성장했다. 88만 원 세대, 헬조선, N포세대, 이생망 등의 청년 불행론은 계속되었다.

저성장 시대의 청년들은 고성장 시대를 살아온 부모 세대와 다른 문화에서 성장했다. 사회적으로 진행되는 자본화와 물신화의 과정에 사회적 생존 그 자체를 목표로 힘겹고 벅찬 생활을 해왔다. 그리고 사회적으로 불공평하고 불공정한 체계 속에서 노력과 능력 문제로 깊은 상처를 입고 예민하게 반응하는 세대가 되었다. 이 정서를 잘 이해하는 것이 중요하다.

부모 세대는 계속 성취하고 성공하고 진격하며 살아오면서 행복했는지 모르겠으나 청년들의 현실 감각은 그렇지 않았다. 저성장 시대에서 침울한 기분과 벌어질 대로 벌어진 격차에 따른 상대적 박탈감으로 불행하다. 그리고 더 극렬해진 경쟁과 좋은 취업을 위한 더 좁아진 관문까지 청년들의 현실은 현재뿐만 아니라 미래까지 어둡다.

4차 산업혁명을 포함한 최근 산업구조의 변화는 청년층의 생존을 더 어렵게 했다. 고용 없는 성장이 이루어지고 있다. 정규직 대기업 사원의 공채가 사라졌고 안정적이라고 생각했던 국가 공무원은 급여도 낮고 연금도 과거에 비해 줄었다. 그리고 국가 대사에 자주 동원되고 감정 노동도 강도가 높아지면서 인기가 급속히 식어버렸다. 누구에게나 좋은 직업이 가능하다는 것은 말뿐이었다. 청년들은 이런 현실을 차츰 깨닫게 됐다. 이 사회는 일종의 유연한 신분제 사회로 변했다. 좋은 직업은 소수 10%의 몫이다. 특정 주거지에 살면서 특정 입시 코스를 밟을 수 있는 사람들의 차지가 되었다.

청년들이 삶의 터전을 꾸리는 것도 고역이 되고 말았다. 온갖 사회적 비용은 감당하지 못한 정도로 늘어났다. 사교육비도 높아졌을 뿐만 아니라 부동산값은 아예 고개를 절레절레 흔들 만큼 높아졌다. 이 시대의 청년은 자력으로 서울 요지에 자신의 주택을 갖기란 불가능해졌다. 결혼은 비용도 많이 들지만 신중하게 선택하는 어려운 과정을 거쳐야 한다. 소위 육각형 연애, 즉 조건 맞춤의 연애가 부활한 셈이다.

　기성세대와 일부 부유층은 국가의 발전이 가져다준 혜택을 입었으나 지금의 청년층에게는 남긴 것이 별로 없다. 그런데도 온갖 비난은 오히려 청년들을 향한다. 고생해 보지 않았다거나 열정이 부족하다거나 노력이 모자란다는 비난은 세대 간 갈등의 씨앗이 된다. 청년 세대에 대한 부모 세대의 비난은 꼰대 문화와 갑질 문화가 되어 큰 상처가 되었고 세대 소통의 불만 사항으로 크게 자리 잡고 있다. 그리고 반복적으로 일어난 크고 작은 여러 사건은 청년들에게 큰 실망을 낳았다. 고위 권력층의 부정 입학과 취업 문제는 끊이지 않고 터진다. 또 기성세대의 온갖 부패한 사건을 비롯한 부동산과 주식 투기는 마치 이 시대의 생존 조건으로 왜곡되어 만연했다.

　청년들을 무시하는 건 정치권도 마찬가지였다. 정규직과 비정규직에 대한 대중적 정서의 몰이해와 이에 따른 정책적 실수들까지 겹치면서 청년들이 미래를 기대하기 더 어렵게 만들었다. 특히 문재인 정부에서 민감한 공정 이슈가 커지면서 갈등의 골이 더욱 깊어졌다. 민병두 전 국회의원은 특히 세 가지 사건을 이야기하며 공정 이슈로 청년층의 정치권에 대한 큰 이탈이 있었다고 보았다.

　첫째, 인천국제공항공사 보안요원 정규직화 논란이다. 이 사안은 문재인 정부 초기에 발생한 악재였다. 죽어라고 경쟁하는 사회에서 어느 날 기성세대의 결정으로 하루아침에 정규직이 된다는 것은 공정하지 않다는 것이다. 둘째, 2018년 평창올림픽 남북단일팀 결성이다. 남북단일팀 결성은 남북 화해를 위한 결단이다. 하지만 청년들 사이에서 반대 여론이 급속하게 번져나갔다. 단일팀 결성으로 올림픽 진출 꿈이 좌절된 이들에게 공정하지 못하다는 게 반대의 목소리였다. 공정의 가치를 청년들의 눈높이에서 생각하지 못했다는 지적이 나왔다. 공정은 남녀 모두 청년 세대의 가장 민감한 이슈다. 셋째, 2021년 서울과 부산시장 보궐선거를 앞두고 터진 한국토지주택공사 직원들의 부동산 투기 사건이다. 이 사건은 성난 민심에 불을 질렀다. 청년들은 세월호 참사와 박근혜 대통령 탄핵으로 완전히 새로운 세상을 꿈꿨지만 여전히 세상은 불공정하다고 보았다.

민병두 전 국회의원은 이 세 가지 사건을 두고 기존 정치권이 철저하게 응답해야 할 사안이라고 했다. 즉 청년들이 가진 시대적 불안과 불만을 헤아릴 수 있을 때 세대 간 갈등을 풀 실마리를 찾을 수 있다.

중학교 시절부터 성별 갈등과 경쟁 과열로 우익화된다

청년 남성들은 현재 여성 특권에 대한 불만을 제기하고 있다. 가뜩이나 좋은 일자리 감소와 함께 더 치열해진 경쟁 속에서 과거보다 졸업률도 취업률도 낮아진 남성들이 군대 문제를 포함해서 공평 논쟁의 불씨를 지피고 있다.

여성들의 대학 진학률은 언제부턴가 남성을 추월했다. 취업에서도 남성을 뛰어넘은 합격률을 보이기도 한다. 산업구조가 제조업에서 IT산업, 금융업, 서비스업, 의약, 건강업 등으로 변천하면서 남자보다 여자를 필요로 하는 경우가 많아졌다.

남성들이 생각했을 때 학창 시절에도 남학생이 여학생보다 더 많이 혼나고 정신과 진단도 더 많이 받고 문제아 취급도 더 많이 받는다. 사회에 나와서도 여성에 대한 호감과 지원 등이 상대적으로 더 크다고 느낀다. 586세대가 주도한 사회 개혁과 각종 정책이 주는 혜택을 크게 누리는 것은 남성보다 여성이 더 많다고 이야기한다. 남성은 희생만 강요당하는 것도 불만이다. 국방의 의무를 짊어지고 군대도 가야 하고 또 여성보다 더 위험한 일을 하면서 낮은 급여를 받는 경우가 허다하다. 어디 그뿐인가. 결혼하려면 집 마련이라는 큰 부담도 짊어져야 한다. 현재 청년들은 남성의 책임으로 떠넘기는 기존 정책과 문화에 절망감을 느낀다.

우리 사회는 남성 정서의 암울함이 격화되어 가던 시대 상황에서 남녀 갈등으로 크게 비화된 몇 개의 전환적 사건들을 겪었다. 민병두 전 국회의원은 이와 관련하여 인터뷰에서 그 심각성을 지적했다.[2] 그는 젊은 남성들이 군대 문제부터 분노가 폭발했다고 한다. 2년 가까운 기간 군에 복무하지만 보상은 없다. 게다가 병역 의무를 수행하지 않는 여성과 경쟁까지 해야 하는 불공평한 조건을 받아들일 수 없다는 것이다. 징집 문제는 남녀 간 이익 전쟁이 되고 말았다. 실제로 젊은 남성들은 여자도 병역 의무를 이행해야 한다고 주장하고 있다. 젊은 남성들은 여성할당제와 같은 정책도 문제 삼기 시작했다. 2030 남성은 자신들을 6070 남성처럼 강자로 생각하지 않고 사회적 약자로 인식한다. 젊은 남성들의 논리는 다음과 같다.

"6070 남성은 그들 세대의 여성들을 위한 보상을 마련해야 한다. 그런데 나이가 들어서 은퇴를 해버렸다. 그러자 5060 남성들이 그 보상책을 만들었는데 그 짐을 2030 남성에게 넘겨버렸다."

그가 말하는 2030 남성들의 정서는 매우 부정적이다. 가령 기성세대는 부동산으로 누릴 것을 다 누렸지만 청년들에게는 기회가 없다. 그나마 아르바이트하면서 생활비를 벌고 내 집 마련을 위해 코인에 투자하는데 이마저도 정부는 불법 도박이라고 한다. 그러면서 세금을 걷겠다고 한다. 청년들은 묻는다.

"국가가 나를 위해서 이제껏 해준 일이 무엇이냐?"

이런 2030 남성의 부정적 정서는 온라인 세상에서 반여성주의로 이어졌다. 페미니즘을 혐오하고 동시에 남성 지지 커뮤니티가 형성되면서 전쟁 같은 상황이 벌어지고 있다. 남성 혐오와 여성 혐오가 쌍방에서 넘쳐나고 미투와 반미투에 대한 대응이 맞부딪치면서 상황은 갈수록 복잡해지고 있다.

민병두 전 국회의원은 "일부 청년 남성은 세상이 완전히 여성 위주로 돌아간다고 생각한다. 페미니즘이 권력이 되었다고 보며 자신들을 페미니즘의 피해자라고 생각한다. 자신들은 성 평등한 세상에서 태어나 여성을 차별하지도 않았는데 어느새 자신은 가해자가 되어 있다."라고 불만을 토로하고 있다고 한다. 앞서 살펴본 청소년과 청년들이 자신들을 피해자로 여기는 인식과 다르지 않다.

일부 청년 남성들은 군대, 여성할당제, 부동산 이슈, 미투 사건, 페미니스트들의 남성 혐오, PC주의 등에 크게 반발한다. 비록 공개적인 발언은 하지 못했지만 남성 온오프라인 커뮤니티에서 불만을 터뜨려 왔다. 그리고 사회적 사건이 있을 때마다 온라인 게시판, 유튜브, 홈페이지에 댓글을 남기며 저항하고 있다. 청년 우익화의 기초는 오랜 청년 지원의 결핍으로 인한 경제적 어려움에 이어 젠더 문제가 결합되어 증폭되었다. 여기에 일베, 디시인사이드, 펨코와 같은 온라인 커뮤니티가 이들이 소통하고 활동하는 플랫폼이 되었다.

우익 청년들은 세월호 참사 조롱과 문재인 정부의 여성가족부 등을 사이버 테러하는 것부터 시작해서 본격적으로 활동해왔다. 그 후 문재인 정부의 여러 정책을 비난하고 반대했다. 또 강경하게 페미니즘 정책에 저항했다. 고인이 된 남성 정치인들을 조롱하는 신남성연대 등이 출현하고 극우 유튜버라 할 수 있는 세력들이 등장했다. 이 중에서는 메갈리아 등 남성 혐오 글을 올리는 극단적인 페미니스트 커뮤니티에 대한 반대 활동을 중심으로 여성과 동성애 등에 대한 반대를 기획하고 실천해왔다. 이런 모든 활동에 2030 남성이 관여되었다고 볼 수는 없다. 하지만 이런 활동들을 통해 2030 남성들이 조직화되었다고 볼 수 있다.

이 과정에서 적극적으로 젠더 갈등을 부추긴 정치인이 개혁신당의 이준석 국회의원이다. 그는 20대 남성을 젠더 정치의 대상으로 삼고 젠더 갈등을 격화하는 정치를 했다. 이준석 국회의원이 공론화한 여성할당제 폐지, 여가부 폐지 등 안티 페미니즘에 준하는 활동은 우익 청년들의 지지를 일시적으로 얻기도 했고 우익 청년들의 등장에 발판이 되기도 했다.

2030 청년들의 본격적인 우익 집단화는 최근 윤석열 정부 들어 더 노골화되었다. 역사 영역뿐만 아니라 정부 구성에도 눈에 띄게 우익화가 이루어졌다. 예를 들어 여가부 대폭 축소를 포함한 여러 정부 활동에서 여성이 사라졌다. 또한 소수자와 이민자에 대한 예산이 대폭 삭감되었다. 2030 청년들은 12·3 비상계엄을 선포한 이후 우파 진영의 상징으로 작동하는 윤석열과 동맹하는 수준의 불법적 활동을 하면서 극우화 우려를 낳고 있다.

많은 전문가가 다양한 기원의 극우 세력을 구성하는 청년들이 우익화되는 출발점을 중학교 시절로 추정한다. 성별 갈등, 경쟁 과열, 소속감, 정체성 등의 문제로 방황하는 유령 같은 아이들이 극우 온라인 게시판이나 유튜버들의 방송을 접하면서 우익화의 길로 들어선다고 보고 있다.

현재 젊은 극우 세력들은 아주 정교한 정치 이념이나 이데올로기로 무장되었다고 보기는 어렵다. 여성 혐오, 엘리트 혐오, 반일과 반중 정서 정도로 보인다. 여기에 극우 파시즘에 가까운 종교계 인사들의 청년 지원에 기초해서 우익화되는 청년들이 존재한다. 태극기 부대에 참가한 젊은이들은 극우 파시즘의 행동대원처럼 활동하지만 강력한 동기도 특정 이데올로기나 사상이라기보다는 반대를 위한 반대인 경우가 많다. 페미니즘과 민주당에 대한 반대가 핵심이다. 원한, 복수심, 정책 반발의 밑바탕에는 지위 위협에 대한 불안과 공포가 아주 크게 작동하고 있다.[3]

2
청년들은 억울한 약자가 됐다고 생각한다

20대 남성은 불합리한 비용을 강요당한다고 생각한다

　천관율과 정한울은 『20대 남자』라는 책에서 가장 핵심적으로 파악되는 20대 남성 세계에서의 사회학적 징후는 '20대 남자의 마이너리티화와 지위 하락 현상'이라고 했다.⁴ 두 저자는 2019년에 이루어진 온라인 실태 조사를 통해 지금 우리가 눈여겨보아야 할 대상으로 수적으로는 29.5%를 차지하면서 남성 마이너리티화에 강력하게 동조하는 집단이라고 주장했다. 이 집단의 정체성 경향과 진로에 주목하고 후속 연구와 추적이 필요하다고 했다.
　그들의 응답과 징후를 해석해볼 때 지금 한국 사회는 남성에게 불리하게 작동되고 차별하며 공정과 공평이 적용되지 않는다. 일정한 비율의 남성들은 남성 지위 하락이 현재 한국 사회의 핵심적

징후라고 파악하고 있다. 또한 저자들은 청년 남성들의 주장은 '비용편익 합리성'에 기반하고 있고 그 관점에서 기존 사회가 배려, 공존, 약자 보호 등에서 발생하는 불합리한 비용을 자신들에게 강요한다고 본다. 이런 생각이 더 강화되면 '남성은 부당하게 비용을 지불하도록 강요당한다. → 국가가 권력으로 그 비용을 강요한다. → 여성은 권력이 보호한다. → 남성이 약자다.'와 같은 흐름으로 생각이 기운다고 한다.

이 관점에서 보면 몇 가지 질문에 답을 할 수 있다. 왜 남자들에게만 이런 일이 있었는가? 청년 세대는 남녀 모두 '비용편익 합리성'의 관점이 뚜렷하다. 각각 비용편익 합리성의 관점에서 맞부딪치는 전선이 형성되었다. 이 관점에서 남성은 여성 보호 제도와 문화를 '비용'으로 인식해 이 전선에 먼저 반응한다고 볼 수 있다. '비용편익 합리성'은 한국뿐만 아니라 현대 사회가 요구하는 인간형이다. 세계적으로도 이런 현상이 나타날 수 있다.

20대 남성의 상처와 어려움을 본격적으로 다루어야 한다

이 조사에서 충분히 반영되지 않은 면들이 있다. 바로 그들이 태어나고 성장하면서 겪은 발달사에 관한 것이다. 2019년에 20대 청년들, 즉 1990년대생들이 태어나고 성장하고 발달한 시기는 1998년 IMF 외환위기와 2008년 금융위기 시기를 모두 포함한다. 현대 한국사에서 경제적 고초를 겪는 힘겨운 시간대를 통과하며 발달했다. 한마디로 고성장에서 저성장으로 곤두박질치는 시기를 보냈다. 그리고 그 시기는 민주 정부가 10년을 집권했던 시기를 포함하는 동시에 이명박, 박근혜 두 보수 정부도 포함한다. 그 시대를 살아가며 위기 극복의 탈출은 각자도생이었다. 생존 경쟁이 이슈가 되고 자살이 증가하고 부동산 가격이 폭등하는 시기에 성장하면서 형성된 개인적, 가족적, 사회적 가치관의 문제가 크게 작동한 부분을 추가할 필요가 있다.

1998년부터 2025년 현재까지 일어난 우리 사회의 변천은 급변의 연속이라고도 할 수 있을 것이다. 인터넷, 스마트폰, 인공지능도 이후 도입된 신기술들이다. 발전하는 기술에 대한 적응도 여러 부작용을 낳았다. 학교폭력, 인터넷 게임 중독 문제가 2000년대 초반부터 이슈가 되었다. 2030의 정신적 발달사에 큰 영향을 미친 고통 중 하나는 학교폭력이라고 할 수 있다. 학교폭력 피해 학생들의 자살이 증가해 강력한 학교폭력법이 2007년 제정되었다. 학교폭력은 발달 트라우마에서 아주 큰 영역이다. 20대 청년들은 재학 시 강력한 학교폭력법을 경험한 첫 세대였다.

20대 청년 남성과 여성이 모두 어려워졌는데 왜 남성이 보수화되고 남성 지위 하락을 중요한 이슈로 여기게 된 문화가 형성되었는지는 더 연구해야 할 필요가 있다. 20대 남성의 지위 하락에 대한 대목에는 20대 남성의 어려움이 고스란히 들어 있을 것이다. 부모보다 가난한 첫 세대가 될 지금의 20대가 처한 문제에서 남성이 더 큰 부담을 느끼는 이유로는 우선 외부적 요인을 떠올릴 수 있다. 부동산 가격 폭등과 안정된 직장의 부족 등으로 집을 마련해서 가정을 꾸리는 삶이 더 어려워졌다. 더 많은 연구가 필요하지만 내부적 심리 요인으로는 여성과의 경쟁에서 도태된다는 상대적 자신감의 결여, 과거 좋은 것은 다 누리고 힘든 과정만 남긴 부모 세대에 대한 원망, 다가올 미래에 대한 현실적 부담의 증가 등도 작용할 것이다.

또한 현재의 20대는 게임과 스마트폰이 생활에서 압도적으로 중요해진 첫 세대다. 그들의 하위문화 형성 중심지가 게임과 스마트폰으로 옮겨지면서 여기에서 형성된 남성 중심 문화와 가치관, 게임 중독자나 게임만 하고 지내는 외톨이라는 비탄과 조롱, 미래의 희망을 기대할 수 없다는 헬조선과 이생망의 영향도 무시할 수 없다. 아마 디시인사이드 갤러리를 포함한 게시판 댓글 문화의 중심축도 20~30대가 주류일 것이다.

이제 20대 남성들이 공유하는 상처와 어려움을 사회가 공개적인 이슈로 본격적으로 다뤄야 한다. 청년 정책이 시작되기 이전의 우리 사회 풍토는 청년은 어려울 것이 없어야 한다는 것이었다. 그러나 현실은 그렇지 않았다. 오히려 청년은 현재 가장 어려운 상황에 부닥친 집단이라는 사회적 인식이 부족해 우익화의 길로 몰아간 것은 아닌지 모른다. 힘든데 나를 도와줄 사람이 없으면 같이 망해버리자는 생각이 쉽게 들 수 있다.

3
새로운 사회적 격차에 격분하다

2030 남성 세대의 보수화 경향이 높아졌다

2030 청년 남성들의 우익화와 극우화에 관한 논의는 아직 성급하다는 의견도 존재한다. 세계적인 경향이지만 선거의 시기와 이슈와 또 여러 사회적 어젠다에 따라 20대는 다르게 반응해왔다. 최근에 치른 대통령 선거에서 청년 보수화를 투표 경향으로 확정하기에는 어려움이 많다는 연구도 있다.[5]

또 우익화와 우경화를 세대의 문제로 이야기하는 것이 타당하지 않다는 의견도 있다. 정체성 정치와 젠더 정치의 한 방법으로 활용되어 사회적 갈라치기로 활용될 뿐이지 세대는 단일하거나 균질하지 않으며 세대 내에도 여러 하위 집단이 존재한다. 계급, 지역, 젠더에 따라 여러 입장이 합종연횡하는 경우가 많다. 세대의 문제보

다 세대 내 불평등의 문제가 더 중요하다는 것이다.[6]

그러나 여러 대륙의 전문가들은 비록 청년 전반의 문제가 아니라 하더라도 청년층에서 발생하는 극우가 어떻게 탄생하는지에 대한 이해를 계속 시도하고 있다. 극우와 청년의 조합에 대한 우려 때문이다. 그들의 세력이 파시즘을 포함한 다른 세력과 연대하여 확장하는 것을 경계한다.

『세습 중산층 사회』를 쓴 조귀동 작가는 우리 사회의 지배 구조 현상의 핵심 이슈는 중산층의 세습화라고 보았다.[7] 상위 10%가 사회의 주요 노른자위를 모두 차지하는 불평등한 사회가 되었다고 진단한다. 세습 중산층 사회에서 핵심 이슈는 크게 두 가지다. 먼저 상위 중산층 1960년대생 1980년대 학번들의 자녀 부정 입학과 특혜 이슈다. 조귀동은 좌우를 막론하고 그들의 능력과 노력을 동원하여 합법적 절차를 먼저 파악해서 충분히 이용하는 '해킹력'으로 질 좋은 노동시장을 독차지하는 위선적 구조가 더 문제라고 진단한다.

그리고 전체 20대 남성의 보수화는 잘못된 해석이고 더 정확히는 비당파적 상황이라고 한다. 20대 남성은 좌우 어느 쪽도 그들의 문제를 해결해주지 않는다고 보고 상황과 사안에 따라 움직인다는 것이다. 저자는 20대 남성의 우익화를 막으려면 과정과 절차의 공정이 아니라 기회의 공평이 더 필요하며 사회가 기본적인 지원을 기획하며 혁신적으로 접근해야 한다고 제시한다.

무엇보다 20대 남성은 산업구조의 변화, 결혼 여건의 변화로 취업, 결혼, 주거 문제에 큰 중압감을 느끼고 있다. 우리 사회는 그들에게 가부장적 책임과 남성의 책임이라는 의무를 무겁게 떠안겼다. 그러면서 그 의무를 다할 수 없는 구조로 만들어놓았다. 20대 남성들은 이 모순적 구조를 방치하면서 의무를 다하지 못하는 남성에 대한 비하, 비난, 경멸이 담긴 논의와 시선에 분개한다.[8]

앞서 말했듯이 20대 청년들은 모두 똑같지 않다. 세대 내부의 차이에 따라 욕구가 달라지고 젠더에 따라서도 입장이 나뉜다. 여기에 그들의 계급이 추가되면 20대 내부는 훨씬 복잡하다. 그렇지만 20대 남성 빈곤층의 보수화 경향이 높아지는 것은 세계적 추세인 듯하다. 아무래도 가장 큰 영향은 역시 취업과 결혼 문제다. 20대에 해결해야 할 삶의 기본 과제를 제대로 해내기 어려워진 것에 대한 반동이 어떤 방향으로 튈 것인지를 알아내는 게 정치적 과제다.

포용적이고 미래 지향적인 사회가 돼야 한다

2030 남성이 보수화된 경향에 대해 미국 캘리포니아주립대학교 법대 명예교수이자 노동 분야의 세계적 석학인 조앤 윌리엄스 Joan Williams가 EBS 「위대한 수업」의 '저출생, 워킹맘, 극우 그리고 신자유주의' 편에 출연해 그 이유를 다음과 같이 답했다.[9]

"남성들은 경쟁이 심해지자 분노와 불안을 느끼게 되었다. 중산층 일자리와 내 집은 얻기 어려워졌다. 아버지 세대에 가능했던 일이 지금 세대에서는 어려워졌다. 아버지 세대에서는 좋은 일자리 대부분을 남성이 차지했다. 지금은 아니다. 미국과 유럽의 젊은 남성은 이민자를 탓하지만 한국의 젊은 남성들은 젊은 여성들을 탓한다.

'분노는 항상 아래로 흐른다.' 이것은 진리다. 부유층이나 노동의 질을 떨어트리는 대기업(비정규직), 정부를 탓하는 대신에 여성들을 비난한다(여성 혐오). 20대 남성의 80%가 차별받고 있다고 생각한다. '남성성'을 위협하는 것 중에 '가장 역할을 제대로 하지 못한다.'는 것이 가장 큰 비중을 차지한다."

남성이 가장이 되는 것을 가로막는 것이 여성이라고 생각하는 남성의 비중이 높아지기 때문에 젊은 남성들의 여성 혐오가 확대되고 있다는 진단이다. 이 과정에서 젊은 남성들은 일자리만 빼앗기는 것이 아니라 사회적 지위도 상실하고 있다고 느낀다. 이미 40대 이상의 남성들은 가부장제를 통해 남성의 특권을 누리며 살았다. 그러나 언젠가부터 현재 20~30대 남성들은 다른 사회를 살고 있다. 그래서 이 새로운 세대는 박탈감과 함께 여성에 대한 입장이 달라졌다는 것이다.

조앤 윌리엄스는 젊은 남성들의 극우화를 막기 위해서는 좀 더 포용적이고 미래 지향적인 사회가 해법이라고 말하면서 구체적으로 다음과 같이 제안했다. 첫째, 아버지 세대는 그렇지 않았는데 자신들의 세대만 피해를 보고 있다는 향수적 박탈**nostalgic deprivation**에서 벗어나도록 유도해야 한다. 둘째, 노동법을 고쳐서 보다 안정된 일자리를 제공해야 한다. 셋째, 아버지 세대가 누리지 못했던 미래 경제에서 기회를 찾도록 사회를 다시 설계해야 한다. 넷째, 사회에서의 실패가 본인의 잘못에서 기인한 것이 아니며 실현하기 어려운 가장의 역할에 대한 그들의 상실감을 위로해야 한다.

참고로 20대 청년들에게 가볍게 물어본 설문조사의 결과를 보자. 그들에게 "무엇을 해줄까?"라고 물었더니 1위가 "집 사주세요."였다. 그다음으로 "취직시켜주세요." "애 낳으라고 하지 말아주세요." "1년 여행비 대주세요." "잔소리 좀 그만하세요." 순이었다. 집과 취직, 즉 먹고사는 일이 가장 중요한 문제라는 건 그만큼 생존의 위기를 느끼고 있다는 것이다.

20대 남성들은 여성에게 평생 혼난다고 푸념을 늘어놓는다. 어른이 되기 전에는 엄마에게, 학교에서는 여교사에게, 사회에서는 여상사에게, 결혼하면 아내에게 혼난다. 남성들은 먹고사는 것도 힘들어 죽겠는데 삶의 전반에 걸쳐 여성들에게 주눅 든 삶을 살아야 한다고 분노한다.

7장 청년의 극우화를 예방하고 돕는 노력

1
청년 극우화 과정을 이해해야 한다

극우화되는 경로를 파악하고 다른 길을 제시해야 한다

극우 청년 집단의 출현은 이제 본격적으로 나타난 현상이다. 이미 큰 배양지를 갖는 상황으로 보인다. 우리는 이제라도 차분하게 이 상황에 대해 진단하고 접근할 때가 됐다. 오랜 시간 국제관계, 정치, 극우화 문제를 연구한 정치학자인 카스 무데는 최근 극우 현상에 대해 저서 『혐오와 차별은 어떻게 정치가 되는가』에 정리했다. 그중 우리가 극우 청년의 탄생을 바라보며 이해해야 할 특징 몇 가지를 살펴보고자 한다.[1]

첫째, 현재 우리 사회에 탄생한 극우와 우파 집단들은 비슷해 보이지만 실제로 서로 다르며 이익도 다르다. 한 집단이 아니다. 둘째, 윤석열 정부에 와서 극우화는 점점 더 세력화되었다. 기존 정당정치를 뛰어넘는 집단이 생겼다. 그들은 우리나라 정치판의 한 부류가 되었다. 다행히 우리는 유럽과 달리 이들 세력의 의회 진출은 거의 없지만 앞으로 진출할 가능성도 배제할 수 없다. 셋째, 극우 정치는 더 이상 우익 포퓰리즘만의 것이 아니다. 미국부터 시작해서 우리나라에 이르기까지 기존 보수 정당도 극우 정치에 참여한다. 현재 보수 정당의 극우화는 우리나라의 현실이다. 넷째, 극우 집단의 혐오나 배제 주장도 집단마다 조금 다르다. 어느 집단은 반공이 가장 중요해서 좌익을 가장 혐오한다. 또 다른 어느 집단은 여성 혐오가 더 중요하다. 혐오에 기초한다는 점은 비슷하지만 혐오 대상의 중요성 순위는 다를 수 있다.

다섯째, 극우 집단의 영향력 확대와 불법적 확산을 포함한 확대 전략을 막기가 쉽지 않다. 극우 집단은 불만이 있고 부패가 있는 곳에 기습적으로 공격하고 차지하여 세력을 급속히 확산하기도 한다. 여섯째, 극우 집단이 생기면 당장 그들의 세력을 줄이기 위한 단기적 처방이 없다. 극우의 어젠다는 오래된 이슈다. 세력도 오랜 세월에 걸쳐 소수로 잔존하다가 최근 시국에서 확산됐다. 좋은 정책의 수립과 시행, 투명한 사회의 추구, 극우의 확산을 막기 위한 예방적이고 선제적인 교육이 사회적으로 작동되어야 한다. 일곱째, 민주주의가 더 강화되어야 한다. 현재의 민주주의가 대변하지 못하는 것들과 비어 있는 부분을 찾아가 민주적으로 대응하고 채워가야 한다. 민주주의가 놓치는 부분을 공격하는 것을 목표로 극우가 시작되기도 한다. 범죄, 부패, 이민, 세금은 극우가 늘 공격하는 부분이다. 민주주의의 약점을 공략하기 때문이다.

　카스 무데가 말했듯이 극우와 우익은 다양한 이유로 탄생한다. 그리고 정파마다 입장이 달라서 하나로 설명하기도 어렵다. 그들 내부의 차이로 단합이 어렵기도 하다. 하지만 몇 가지 뚜렷한 특징, 경로, 과정이 있다. 때로 그들을 이해하기 어려운 것은 정교한 이념과 논리가 없기 때문이기도 하다. 그렇지만 청년들의 극우화는 박탈과 위협의 정서, 소속감과 정체감의 위기, 소셜 미디어의 선동, 극우 종교의 포교라는 정형화된 길이 있다고 생각한다.

　청년 극우화를 예방하기 위해서는 극우화의 입구에서 청년들을 설득하고 다른 길을 제시해야 한다. 극우화의 길에 들어서지 않도록 하는 조치를 실행하기 위해 우리는 극우화 경로에 대한 이해를 계속 추구하고 확장해나가야 한다.

극우 청년의 내면적 사회심리학적 서사를 이해해야 한다

　청년들의 우익화와 일부 청년의 극우화에 대한 우려 속에서 시작된 이야기를 단순화하기는 어렵다. 하지만 서너 가지 주요 입구와 과정을 정리할 수는 있을 것 같다. 그런데 이런 과정을 이해하기 위해서는 이성의 시각보다 감성의 시각이 더 중요하다. 정치나 사회적 움직임에서 감성의 중요성 혹은 이해하기 힘든 감정적 발로에 대한 논의는 계속되었다. 특히 우익화, 극우화의 경우에는 더 그렇다. 사회경제적 시각에서 정리할 수도 있지만 그것만으로 설명하기 어려운 사회심리적, 정신분석적 견해들이 이해에 큰 도움이 될 수 있다고 본다.

극우 청년을 감성으로 바라보는 관점은 '지위 박탈 이론'과 '공허하고 나약한 자아 이론'이라는 두 가지 이론적 축이 핵심을 이룬다. 그리고 여기에 강력한 소셜 미디어의 우파 선전 선동의 영향과 일부 종교의 극우적 포교 활동의 영향을 고려해야 한다. 이 네 가지가 조합되어 우익화의 길에 들어서기 더 쉬워진 환경이 조성되었다. 또한 이런 환경에 빠져드는 청년들의 내면적, 사회심리학적 서사를 이해하는 게 중요하다. 그럼으로써 청년들의 우익화 배경이 되는 정신적 불안과 우울에 공감할 수 있게 된다.

미국의 정치심리학자인 세이무어 립셋Seymour M. Lipset과 얼 라브Earl Raab의 공저 『비이성의 정치학: 1790 - 1970 미국 극우주의 역사』는 1970년에 처음 출간되었고 이후 1978년에 개정판이 나왔다. 미국 역사를 관통하는 극우 포퓰리즘의 뿌리를 18세기 말부터 20세기 중후반까지 추적한 역작이다. 현대 극우 운동 분석의 이론적 토대를 마련했다고 평가받는다. 극우 운동이 득세한 것은 경제적 문제도 영향을 끼쳤지만 백인들의 지위 위협과 문화적 위기감이 비이성적 정치의 기반으로 더 크게 작용한 것을 밝힌 것이다. 이 이론은 지위 위협과 지위 박탈 이론에 큰 영향을 미쳤다고 한다. 현재 우리나라 청소년과 청년의 우익화와 극우화를 설명하는 데도 매우 유용하다. 청년들은 지위 위협과 지위 박탈 이후의 희망이 구체적으로 상상되지 않을 때 극우화의 길로 들어선다. 반면 변화를 통해 희망이 충분하다는 인식과 감정을 갖게 되면 다른 길을 갈 수 있다. 즉 정책이나 제도를 마련하는 것과 동시에 여성, 소수자, 이민자, 장애인 문제에 대한 희망적 서사와 사회적 행복론으로 청년들을 설득할 수 있다면 변화를 위협이나 박탈로 받아들이지 않을 것이다. 사회 변화를 위협이나 박탈로 인식하지 않도록 하는 노력을 통해 적응 지체가 일어나지 않도록 할 필요하다.

원한과 분노를 이겨낼 희망적 이데올로기를 만들어야 한다

이 책에서도 일부 소개한 앨리 러셀 혹실드의 『자기 땅의 이방인들』은 심층 정서deep story 이론을 통해 사실보다 더 중요하게 작동하는 정서적 서사가 극우화의 힘이라고 증언한다. 고향, 가족, 전통, 종교, 그리고 무엇보다 소중한 가치를 엘리트, 좌익, 페미니즘이 붕괴시키는 것을 볼 수 없다는 점에서 순진한 우익은 가치의 수호자로 자신을 자리매김한다. 혹실드 역시 문화적 지체에 대한 작업과 공감을 위한 상호 노력을 제안한다. 그렇다면 지위 박탈이 아니라 새로운 희망적 이데올로기를 만들어야 한다. 또한 가치의 종말이 아니라 가치의 확장이라는 새로운 도덕과 가치관을 만들어 이 사회가 공유할 수 있도록 하는 게 중요하다.

아도르노는 자본주의와 파시즘이 현대인의 심리적 결핍을 악화시킨다고 했다. 그로 인한 약한 자아 현상과 권위주의적 성격이 파시즘에 종속된다고 보았다. 파멜라 닐란 또한 청소년들의 소속감과 정체감 위기가 청소년 우익화의 중요한 경로라 보았다. 두 학자 모두 과다한 경쟁과 주체성을 저해하는 교육 문제를 언급했다. 순응과 복종을 강조하는 훈육과 교육 속에서 자신의 삶에 대한 지지와 격려가 없는 허약한 소속감, 정체감, 자아를 가진 청소년과 청년들에게 우익 파시즘은 원한, 분노, 수치심을 불어넣는다. 이와 함께 감정적 고양의 경험과 강력한 권위적 조직에 의존하게 만드는 과정을 통해 극우화로 이끌린다고 보았다. 또한 프로이트의 이론을 빌려와 대중 최면과 같은 동일시 현상과 더불어 파괴적 본능에 대해서도 말했다.

    극우화를 막기 위해서는 소속 욕구를 다양하게 채울 수 있는 넓은 사회적 돌봄망과 사회망을 만들어야 한다. 그리고 정체성 형성을 도울 수 있는 다양한 멘토링과 사회 활동도 필요하다.

2
극우 선동에 맞설 수 있는 힘을 기르자

우파 유튜버들과 극우 종교 집회가 우익으로 이끈다

소셜 미디어의 혁명은 지적, 문화적 세계에서만 일어난 것이 아니다. 정치의 세계에서도 일어났다. 그중 가장 큰 변화는 우파 유튜버들의 성장이다. 세계적으로 높은 수익을 올리는 유튜버 대부분이 극우와 우파 정치 유튜버라는 사실은 이미 여러 차례 뉴스에서 보도된 바 있다. 혹실드도 우려했던 것이 폭스뉴스를 틀어놓고 사는 루이지애나 어른들의 세계였다.

우리나라의 어른들에게는 TV조선을 포함한 많은 채널이 모두 우파 성향이다. 그리고 100만 명에 가까운 구독자를 가진 유명 유튜버들도 있다. 여기에 젊은이들은 여러 온라인 채널과 게시판에서 열심히 우익을 공부한다. 나라마다 유명한 커뮤니티와 채널들이 있다. 악명 높은 사이트들도 있다. 댓글 달기와 익명 챗에 의견 올리기 이상으로 혐오 조장, 성매매 등의 활동으로 확장된 경우도 있다. 우리나라도 일베, 디시인사이드, 펨코라는 온라인 커뮤니티가 우익화 선전과 조직의 광장으로 활용되는 것은 익히 알려진 바다. 이렇게 널리 알려진 사이트를 제외하고도 여러 창구가 익명의 방식으로 우익들의 토론과 선전의 공간으로 활용된다.

 인터넷에서의 우익화 활동은 상당한 위세를 떨치고 있다. 이에 따른 적극적인 미디어 리터러시 교육이 필요하다. 또한 극우 방송에 대한 사회적 모니터링과 법적, 제도적 대응 활동을 함으로써 극우의 발호를 막아야 한다. 소셜 미디어와 온라인 플랫폼에 대한 청소년 접근의 조절과 제도 개정도 필요하다. 아무리 제한 없는 온라인 공간이라 하더라도 이러한 접근의 경계가 없다면 계속 극우와 우익화의 메시지에 노출될 수밖에 없다.

 우리나라 극우 집회 중 하나는 기독교 중심의 특정 종교 집회가 되어버렸다. 몇몇 기독교 목사들이 주도하면서 극우의 선동장이 되었다. 그리고 일부 사이비 종파로 알려진 집단에서는 우익의 입장이나 선전물을 교회 활동을 통해 배포하는 것으로도 알려졌다. 미국 등을 포함해 몇몇 나라의 기독교 근본주의자들은 종교와 정치를 일체화하고 기독교 국가라는 입장을 통해 타종교를 배척하는 주장을 한다. 우리나라에서도 우익화된 기독교 사관에 기초해 역사를 왜곡하고 정치의 관점을 조작하는 시도가 일부 종파에서 있다고 한다. 이 과정에서 청년들은 우익과 만나고 우익의 길을 소개받기도 한다.

종교로 우익화되는 길을 막으려면 우선 종교 내부에서 자정 활동이 활발해지도록 지원해야 한다. 자정 활동을 강화하면서 종교와 정치의 일체화를 막고 종교와 사이비 집단에 대한 리터러시도 강화해야 청년들이 우익으로 가는 길목을 차단할 수 있다.

청년들이 강한 자아와 자율성을 가지도록 이끌어야 한다

아도르노는 책, 연설, 방송 등에서 극우 파시즘에 대항하고 인간 사회에 대한 절망에 가까운 아우슈비츠와 같은 현상을 막기 위한 제안을 여러 차례 했다. 우리도 마찬가지다. 우리 역사에서 벌어진 5·18 광주민주화운동과 4·16 세월호 참사와 같은 일을 막기 위해서 우리 사회가 무엇을 준비해야 하는지 알아야 한다. 또 그 준비를 위해서 어떤 제안을 할 수 있는지 아도르노의 이야기를 빌려 정리해보자.

첫째, 아도르노는 성숙한 인간, 즉 깨어 있는 시민의 증가와 저항하는 힘의 필요성을 말했다. 그는 파시즘이 가능했던 이유가 저항할 수 있는 시민의 부재 때문이었다고 생각했다. 그래서 파시즘에 저항할 수 있는 강한 자아를 가진 자율적 인간이 사회 구성원의 다수가 되어야 한다고 했다. 자율적 인간이란 성찰하고 자기 결정을 스스로 할 수 있으며 집단적 압력에 동조하지 않는 사람을 말한다. 자신의 이성이 안내하는 대로 행동할 수 있는 시민, 깨어 있는 시민이 있어야 불합리에 저항하면서 사회와 역사의 퇴행을 막을 수 있다.

　둘째, 성숙한 사람들이 다 함께 만들어야 할 사회적 체제는 비권위주의 체계다. 아도르노는 권위주의가 비민주와 파시즘 같은 야만을 지속하는 중요한 요인이라고 봤다. 타인과의 관계에서 강요와 종속을 주장하고 이에 의존하도록 만드는 권위주의를 철폐하기 위한 노력이 모든 분야에서 이루어져야 한다고 주장했다. 특히 유아기 훈육과 교육부터 복종, 순응, 의존을 가르치는 분위기를 개선해야 한다고 강조했다. 우리 사회는 가부장제 존속부터 시작해서 매우 권위주의적 사회다. 부모와 자녀 관계, 상사와 직원 관계, 교사와 학생 관계 등에서 여전히 권위적이다. 타인에게 자신의 문화를 강요하는 것에 대한 반성은 아직도 부족하다.

　셋째, 승자와 패자를 만드는 문화, 경쟁의 최소화가 파시즘 사회의 예방을 위해 중요하다고 했다. 경쟁의 최소화 혹은 과열 경쟁을 조장하지 않는 사회가 중요하다. 아도르노는 경쟁이 야만 사회의 기초가 되는 활동이라고 보았다. 아마 이런 점에서 우리 사회는 야만이 넘치는 사회라고 보아도 무방하다. 온 사회가 경쟁의 도가니 탕이다. 학교에서도 방송에서도 극한 경쟁이 우리 사회를 파시즘으로 몰아가는 요인으로 작동할 가능성이 크다.

　넷째, 강인함이 아니라 공감을 강조하는 사회가 되어야 한다. 강인함을 이상화하는 교육에서도 아도르노는 야만의 징후를 본다. 그는 "강인함의 교육상은 철저히 전도된 것이다. 남성성이 최고의 인내심에 있다는 생각은 틀렸다. 사디즘은 마조히즘의 이면일 뿐이다. 강인함은 바로 고통에 무심함을 의미한다."라고 했다. 아도르노는 강인함으로 일관된 교육은 사디즘 교육이라고 보았다. 인내심에 기초한 강인한 남성상은 마조히즘의 전형이며 마조히즘은 사디즘의 이면이다. 공감이 빠진 강인함은 자신과 타인의 고통에 대한 공감 능력을 말살한다. 공감과 위로 없는 강인함과 인내의 교육은 야만의 근성을 길러낸다. 학교에서의 신입생 통과의례, 군대 문화, 직장 괴롭힘, 갑질과 태움 등 우리 사회는 고생과 희생을 요구하는 가혹한 문화가 아직 즐비하다. 이 과정에서 사람들은 르상티망을 품는다. 이 원한은 사회를 가혹함의 악순환, 앙갚음, 복수의 회로를 돌리게 한다. 그래서 진정한 강인함은 인내로 길러지지 않고 굳건한 사랑과 공감으로 이루어진다는 재인식과 재사회화가 절실하다.

다섯째, 사회적 무력감에 빠지지 않는 것이 중요하다. 아도르노는 성숙의 문제를 개인의 내적 발전의 문제로 보기보다는 사회를 대하는 개인의 관점과 태도의 문제로 보았다. 성숙은 도덕과 윤리 문제라기보다는 사회와 정치 문제이기에 성숙한 사람은 실천하는 사람이라고 했다. 성숙의 문제가 실천의 문제로 귀결될 때 반드시 극복해야 하는 것은 무력감이다. 어떤 특수한 영역에서 우리의 세계에 실제로 개입하면서 변화시키려는 노력은 즉시 압도적인 기존 권력의 힘 앞에 직면하게 된다. 그 거대한 힘 앞에서 무력감을 느끼게 된다. 변화시키려는 자는 이러한 무력감 자체와 무력감을 극복하기 위한 계기를 만들어낼 수 있어야 변화에 성공할 수 있다.

끊임없는 사회적 시도, 개혁, 소모임, 풀뿌리 실천 등의 양적 축적이 사회적 변화를 일으킨다. 역사와 사회는 직선적으로 이루어지지 않는다는 현실 인식과 함께 지속적인 실천이 필요하다. 그리고 지속적인 실천을 어렵게 하는 문제를 냉정히 인식하고 개선하는 자세를 가져야 한다. 이때 무기력은 소극적 동조다. 이 동조가 결국 파시즘 사회를 만들었다. 사람들은 무기력을 중립으로 오해하는데 소극적 동조임을 자각해야 한다.

여섯째, 자기 결정력이 있는 이성에 따라 행동하는 성숙한 사람들이 다수가 되기 위해서는 교육을 개혁해야 한다. 아도르노는 성숙한 인간을 위해서 필요한 교육은 정치교육이라고 했다. 정치교육 중에서도 반권위주의 교육, 저항권 교육, 공감 교육, 물리적 폭력에 대한 혐오감 교육이 필요하다고 했다. 학교 교육에서 정치교육은 필수다. 그 과정에서 강한 자아를 가질 수 있도록 이끄는 자기 결정력, 자율성, 자신만의 현실에 매몰되지 않는 태도를 기를 수 있게 돕는 것이 중요하다고 했다. 아도르노는 정치교육을 통해서 강한 자아를 가지고 권위주의적 성격이나 조작적 성격이 아니라 자율성을 가진 주체가 될 수 있도록 하는 것이 중요하다고 했다. 이것이야말로 파시즘을 물리칠 수 있는 사회적 토대라는 점을 강조했다. 그래서 아주 기초적이고 중요한 개혁은 학교 교육의 개혁이라고 주장했다. 학교 교육, 특히 정치 수업에서 권위, 공감, 폭력, 주체, 자율성, 자기 결정 등에 대한 충분한 논의가 이루어져야 한다.

청년들이 도태의 위협을 극복하도록 도와야 한다

알랭 드 보통은 현대인의 지위 불안에 대한 시민 대상의 개론서를 오래전에 썼다. 우리나라에서『불안』이라는 이름으로 출간됐는데 본래 제목은 지위 불안에 관한 것이었다. 그는 지위 불안의 원인으로 사랑 결핍, 속물근성, 기대, 능력주의, 불확실성 등의 감성적 언어를 꼽았다. 감성적 언어에는 현대인들이 느끼는 지위 불안에 대한 심리를 담고 있는데 이 심리가 해결되지 않을 때의 위험에 대해 언급하고 있다. 이 위험은 극단화와 파시즘화에 관한 것이다.

그는 신자유주의 이후 사회는 개인의 무한 경쟁 시대가 되었고 이후 사람들의 성공에 대한 집착이 심해졌다고 지적한다. 특히 미디어의 발달로 일상적 비교가 가능해지면서 타인에 대한 과잉 시선이 문제가 된다면서 이 과정에서 자신의 지위가 하락하는 것과 전통적 가치가 무너지는 것에 대한 불안과 강박적 집착이 심해졌다고 한다. 알랭 드 보통은 불안과 강박적 집착에 빠진 사람들이 이러한 성향을 정치화하여 선동하는 우익이나 극우들과 연결된다고 주장했다.

그가 봤을 때 원시적인 불안은 진영 논리로 발달했다. 모든 일을 우리와 그들로 양분하는 것이다. 이러한 극단적 대립 속에서 불안과 피해의식을 키웠고 사람들은 이를 제거하기 위한 잘못된 방법을 찾았다. 그러나 해답이 없는 것은 아니다. 알랭 드 보통은 철학과 예술을 통해 다층적 가치관을 갖는 철학적이고 문화적인 접근이 새로운 대안이 될 수 있다고 제시했다. 물신화된 성공적 서사를 다양한 서사로 바꾸고 삶의 본질적 모순을 깨닫고 비극적 희극 tragic comedy이라는 시각으로서 예술적 관점과 자연의 관점에서 삶에 다가가도록 사회가 도와야 한다는 것이다.

그는 기술 발전 이후의 정신적 공허를 채워줄 문화 복지의 확대가 필요하다고 말한다. 그리고 개인과 사회가 상호작용을 할 수 있는 시간과 공동체 문화의 조성을 사회가 지원해야 한다고도 했다. 근로 시간의 단축과 함께 청년들의 예술 활동을 법과 제도로 지원하고 인문학과 예술로 치유하는 사회적 프로그램을 확대할 것을 강조했다. 학교도 경쟁적 개인주의에서 공동체적 자아실현을 위한 대전환이 필요하기 때문에 교육제도와 교육과정에 변화가 필요하다고 조언했다.

알랭 드 보통은 현대 사회에서 청년들의 정체성 위기는 도태의 위협이라고 말한다. 이를 개인뿐만 아니라 사회적으로도 극복할 수 있도록 개인의 내적 성찰과 사회 시스템 등의 접근이 모두 필요하다고 주장했다. 그는 『불안』이라는 인문학적 에세이를 통해 지위 하락이 가져오는 현상에 대한 답안지로 새로운 감수성을 제안했다. 그의 제안은 앞서 살펴본 내용들과 유사한 맥락이라 할 수 있다. 알랭 드 보통은 '불안'이라는 키워드를 가지고 이 시대의 청년들이 가진 정체성 위기를 적절히 설명했다. 이것은 개인의 문제라고만 할 수 없으며 사회 전체가 나서서 이 문제를 해결해야 한다는 것을 분명하게 밝히고 있다.

3
친절하고 다정한 민주주의가 돼야 한다

극우 콘텐츠에 물들지 않도록 교육해야 한다

초등학교 5학년이 고인이 된 노무현과 박원순을 욕한다. 그리고 문재앙, 이죄명이라는 낙서를 한다. 이 모습에 놀란 학교 선생님이 부모님과 함께 아이의 스마트폰에 기록된 유튜브 시청 목록을 보았다. 그리고 그런 목록을 소개한 형들이 누구인지를 알게 되었다. 그 형들과 통화했더니 '장난'으로 알려준 것이라며 '강요'가 아니고 아이의 선택이었다고 말했다. 또 모두 '재미'로 욕하는 것이 '통쾌'해서 했다고 말했다. 극우화가 이렇게 시작된 경우가 적지 않다. 그래서 영국 의회와 시민단체가 안전한 인터넷 사용을 위한 법률에서 구글에 어린이 버전과 성인 버전을 나눌 것을 요구하고 있다.

이 법은 2025년 하반기부터 시행될 예정이다.²

핀란드는 미디어 리터러시 교육을 매우 강조한다. 학교 교육에서도 적극적으로 다루고 있다.³ 미디어 리터러시가 되지 않으면 아이들은 우파 방송을 청취하고 재미에 빠지며 어느 날 전혀 예상치 못한 행동을 할 수도 있다. 사실과 사실이 아닌 것을 감별하기도 어려워할 수 있다. 충분한 미디어 리터러시 역량이 없으면 연령에 맞지 않는 극우 정치 방송을 시청할 수도 있고 극우 유튜버의 음모론이나 낭설, 기존 정치에 대한 비방을 받아들여 마치 정치에 과도하게 반응하는 것으로 보여질 수도 있다. 그렇다면 이런 과잉 조기 정치화 혹은 극우화 예방을 위해서 어떻게 해야 할까?

첫째, 미디어 리터러시 교육은 지금 어느 나라나 강조하는 예방접종 같은 활동이다. 유치원부터 초등학교 저학년까지 뉴스, 정보, 제안, 댓글, 광고 등에 대해 사실 파악, 대응 능력, 수용 또는 거부를 할 수 있는 의사결정 태도를 기르는 것이 중요하다. 둘째, 플랫폼 차원에서 접촉을 조정해야 한다. 영국처럼 유튜브를 포함한 일부 소셜 미디어의 버전을 성인용과 아동·청소년용으로 나누거나 청소년 계정으로 접근할 수 있는 콘텐츠를 별도로 관리하고 부모에게 피드백을 하는 것을 고려할 수 있다. 과도한 극우 내용에 대한 모니터링을 부모들이 함께할 수 있는 법안을 영국에서 제안하기도 했다. 셋째, 인권 교육에서 인권 침해는 조롱, 놀림, 장난 등으로 시작된다는 것을 인식시키고 수치심과 혐오에 대한 민감성을 높이는 활동이 더 필요하다. 농담, 비유, 풍자라 하더라도 결과적으로 조롱과 놀림이 되지 않게 하는 방법을 교육해야 한다. 넷째, 평등과 다양성에 대한 사회적 합의와 캠페인도 중요하다. 극우, 우익화, 권위적 콘텐츠의 다수는 공정과 공평을 가장하여 평등과 다양성의 큰 원리를 무너뜨리고 논쟁을 진흙탕으로 빠트리므로 여기에 대응할 수 있어야 한다. 다섯째, PC주의를 포함한 정서적으로 차갑고 배제적이면서 비포용적인 분위기가 되지 않도록 해야 한다.

우익화의 밑바탕에는 인정받지 못한 설움, 경멸과 무시로 인한 수치심, 그로 인한 원한 반응이 깊다. 이런 정서는 PC 문화와 탈권위적 문화가 새로운 지적 권위의 문화로 등장한 것과 깊은 관련이 있다. 옳지 못한 것에 대해서 기다림이나 타협이 없는 처벌 경향도 깊게 작동했다.

친절하고 다정한 민주주의자로서 기다려야 한다

마이클 샌델은 서민의 적은 우파 자본가가 아니라 좌파 엘리트라고 말했다.[4] 좌파 엘리트는 유기농 음식을 먹고 매일 명상과 조깅을 하며 교육, 의료, 사회 등 전 영역에서 세상을 더 나아지도록 만들기 위해 일하느라 죽겠다고 말한다. 그리고 자신의 이상대로 삶을 실천한다. 하지만 자녀의 중산층 세습에 반성이 없는 그들의 경멸이 더 모욕감을 준다고 보았다.

극우의 정체성 중 무시할 수 없는 부분이 엘리트 혐오와 PC주의 혐오다. 옳은 말을 하지 않아야 한다는 것이 아니라 옳은 말을 어떤 상황에서 어떻게 하느냐가 중요하다. 그러나 불친절한 방식으로 옳은 말을 듣고 옳은 입장에 대한 수치심을 느끼게 하는 것은 오히려 원한을 품게 하고 복수심을 키우게 한다. 그 잘난 인간들을 방해하고 훼방하고 앙갚음하고 싶은 청소년과 청년들을 친절히 환영하는 곳이 우파다. 우파는 함께 앙갚음해주겠다고 말한다.

"옳은 것보다 친절한 것이 더 중요하다."

영화 「원더」에서 나온 말이다. 친절함과 다정함은 옳음으로 초대할 수 있는 중요한 환경이다. 극우 청소년과 청년들은 늘 양비론을 말하고 행동은 우파를 택한다. 그들은 좌파도 나쁘고 우파도 나쁜데 더 나쁜 것은 좌파라고 한다. 그 이유는 더 나쁜 방식으로 거짓말하고 위선적이어서 재수가 없다는 것이다. 무식하고 단순한 피해자 패러다임에 우파를 놓고 우파는 순박하고 친절한 것으로 설명하며 감정의 덫에 빠진다. 이는 알랭 드 보통이 말한 애정결핍이나 다름없다.

'야동을 보고, 게임만 하고, 아무 생각 없이 살고, 재미있고 맛있고 자극적인 것만 찾는 충동적인 파충류 남자 청소년'이라는 패러다임도 극단적인 청소년 혐오, 남성 혐오의 결과다.

사회는 쉽게 변하지 않는다. 변화를 위해 무르익게 하는 환경을 조성하고 연대를 실현하는 것이 중요하다. 옳은 말을 던졌다고 해서 사람들이 그 말을 수용하고 환호할 것이라는 판타지야말로 또 다른 전능성 환상이자 유아성이다. 조급함은 자신의 욕구다. 현실은 그렇게 변하지 않는다. 우익화를 예방하려면 친절하고 다정한 민주주의자로서 기다릴 줄 알아야 한다.

4
불안을 치유하고 희망을 만들어가자

사회가 청년에게 진짜 아버지 역할을 해줘야 한다

영국의 정신분석가 조시 코언Josh Cohen은 「가디언」에 청년 극우화에 대한 원인 중 하나를 '아버지의 부재'라고 이야기했다.[5] 그러면서 이탈리아 정신분석가 마시모 레칼카티Massimo Recalcati의 텔레마코스 콤플렉스Telemachus Complex를 인용했다. 텔레마코스 콤플렉스는 그리스 신화에 나오는 오디세우스의 아들 텔레마코스에서 유래했다. 텔레마코스는 아버지 오디세우스가 트로이 전쟁에 참여하는 동안 아버지를 찾기 위해 여행을 떠나며 성장하는 과정에서 생긴 여러 문제를 삶에 가지게 된다.

코언은 아버지와의 갈등을 주제로 한 오이디푸스 콤플렉스 문제보다 아버지의 부재를 주제로 한 텔레마코스 콤플렉스가 현대의 청소년과 청년을 더 잘 설명할 수 있지 않을까 제안한다. 아들은 아버지를 갈망하며 아버지가 자신의 역할 모델이 되기를 바란다. 그러나 아버지가 없기에 아들은 자신의 자아와 자아의 모델을 찾는 데 어려움을 겪게 된다. 레칼카티는 현대 사회에서 아버지의 역할이 어떻게 변하고 있는지를 탐구했다. 그는 아버지가 단순히 권위의 상징이 아니라 아들이 자기 정체성을 찾는 데 도움을 주는 존재로서의 중요성을 강조해왔다. 결국 현대 사회에서 아버지의 부재는 아들의 정체성 부재나 정체성 허약 또는 결핍에 기여한다고 분석했다.[6]

문제는 아버지의 부재가 그것만으로 끝나지 않는다는 데 있다. '아버지의 부재'로 자녀들에게 '아버지의 결핍'이 생기고 다음 세대를 위해 전수할 것과 사회 공동체에 소속감을 느끼고 법을 내재화하도록 돕는 역할도 모두 사라진 것이다. 그렇다면 '부재의 빈자리를 아이들은 어떻게 메우고 있는가?'라는 질문이 떠오른다. 동시에 '아들은 지금이라도 아버지가 돌아와 역할을 하길 바랄까? 그리고 아버지가 돌아온다면 부재의 경험을 한 아들과 다시 전수와 계승의 관계를 회복할 수 있는가?'라는 질문과도 마주할 수밖에 없다.

또 다른 질문도 던져볼 수 있다. '젊은 남성 청년에게 진짜 아버지 역할은 누가 했는가?'라는 물음이다. 이 물음에 청년들은 누가 했다고 말할까? 나약하고 찌질하면서 잔소리나 해대는 아버지였다. 게다가 바쁘다며 밖으로 돌다가 병이나 나야 들어와 누운 아버지를 아이들은 무엇으로 대체하고 살아왔을까? 반면에 아버지는 또 어떤 심정이었을지도 궁금하다. 가령 넷플릭스 「소년의 시간」에 나온 아버지는 과연 어떤 심정이었을까? 주인공 소년 제이미는 아버지와 어떤 관계였고 어떤 관계로 발전해갈 수 있을까?

이러한 물음과 관련하여 이미 거세된 아버지를 통해 자신의 거세를 두려워한 나머지 과잉 공포나 과장된 히스테리가 나타난다고 하는 청소년들도 있다. 또한 아버지의 생환을 통해 안심하는 아들들도 있을 수 있다. 아들을 모르는 아버지는 아버지의 자리로 와도 어색할 수밖에 없다. 그래도 아들을 알아가려 한다. 하지만 현실은 늘 해피엔딩이 아니다. 오히려 아들은 이해하기 어려운 존재라면서 고개를 흔들며 끝나는 비극들이 많다. 정신분석가들은 이 소용없는 아버지들의 빈자리를 채우는 한 방식이 극우화가 아닐까 생각한다. 그리고 아들이 아버지 없이 남자다움과 사회성을 배우는 세계가 성적 영상물, 게임, 농담 커뮤니티들인 경우 인셀과 믹타우 문화에 젖어들면서 극복하기 어려운 불안이 내재될 것이다.

조시 코언과 마시모 레칼카티는 아버지의 부재가 극우화로 가는 경로일 수 있기 때문에 더욱 아버지의 역할을 강조한다. 우선 아버지성의 회복으로 부재의 빈틈을 막는다. 그리고 가부장적 아버지가 아니라 돌아온 아버지가 아들과 함께 작업하면서 전수와 계승 그리고 역할을 나누는 회복을 말한다. 그래야 남자다움과 사회성을 삐뚤어진 인터넷 세계에서 배우지 않고 제대로 배울 수 있다는 것이다.

청년들에게 도덕적 당위, 처벌, 강제, 협박은 통하지 않는다

『불안사회』의 저자 한병철은 불안을 치유하는 것은 희망이라고 했다. 희망 없음의 정치적 진로가 결국 우익 파시즘의 본질이라고 했다. 그는 희망을 단순한 낙관주의로 보지 않았다. 그보다 구체적으로 약속할 수 있는 미래가 있는 것을 말한다고 했다.

지위 위협이나 지위 박탈로 미래를 불안해하는 것은 미래에 자기 자신이 소멸될 것에 대한 상상 때문이다. 미래에도 자기 자리가 있고 또 더 향상된 자리가 있다고 하면 불안은 해소될 것이다. 그러므로 여성 혐오가 아니라 여성과 평등해질 때 나아지는 것이 무엇인지를 잘 알리는 것이 중요하다. 우리가 이민자와 함께 지낼 때 더 나아지는 것이 무엇인지 더 확실하게 희망적으로 행복하게 그리는 것이 아주 중요하다.

그리고 이야기를 바꾸어야 한다. '남자들이 세상을 차지하던 시절이 더 좋았다.' 같은 향수가 담긴 박탈감이 아니라 '남녀가 함께 평등하니 더 좋았다.' 같은 희망적 행복감이 우세를 점해야 한다. 그러므로 우리는 더 많은 현실 속에서 모델, 경험, 희망이 실제로 그려지는 서사를 전파하고 창조해야 한다.

희망을 제시하지 않고 단지 도덕적 당위의 선전, 처벌, 강제, 협박은 아도르노가 말한 우리 안의 파시즘을 일깨우며 역으로 파시즘화로 가는 길일 수 있다. 지금 우리 사회도 역으로 파시즘화로 가는 현상이 나타나고 있다. 세월호 참사 유가족 앞에서 저지른 패륜적 행위를 비판하는 것을 가지고 오히려 파시즘적 행태의 방아

쇠로 삼기도 한다.

옳은 것은 좋기도 해야 한다. 잠시 불편할 수 있으나 옳은 것이 희망적이라는 것을 알 수 있어야 하고 그 과정은 부드럽고 친절해야 한다. 마음에 다가오는 희망이 그려질 때 비로소 행동도 바뀐다.

아주 전형적인 이야기는 아니지만 우익, 극우 활동과 연관된 한 청소년의 이야기를 떠올려봤다. 그동안 만났던 청소년과 청년들 그리고 언론, 소셜 미디어, 인터넷 등에서 볼 수 있는 청소년과 청년들의 모습을 한 명으로 압축한 청소년이다.

"조용하고 내성적인 청소년으로 보이지만 주말만 되면 극우 청소년 활동가로 밀리터리 코스프레를 하고 광장에 나간다. 그의 극우 활동은 게임과 유머 사이트에서 비롯되었다. 그에게 실제 아버지는 학대자일 뿐이고 극우 유튜버가 진짜 아버지다. 심지어 용돈도 준다고 자랑한다.

공부는 여러 이유에서 못했지만 심심할 때마다 게임과 유머 사이트에서 칭찬도 받고 댓글로 인정도 받으면서 남성들만 모인 성적 대화 사이트에서 남자다운 게 무엇인지와 가혹한 성행위에 대해 교육 아닌 교육을 받고 지낸다. 평상시는 학교에서나 가정에서나 찌질한 아이로 관심의 대상이 아니다. 만일 관심의 대상이 된다면 혼나거나 지적받을 때인 경우가 많다. 그때마다 겪는 서러움은 게임과 음란 사이트가 제일 잘 달래준다고 여긴다.

아이는 아주 수치스러운 경험을 했다. 그의 내성적이면서 사회성이 부족한 면을 어떤 아이들이 모솔 또는 인셀이라고 놀리는 일이었다. 학교에서는 그 잘난 애들에게 대항하지 못했다. 하지만 그의 내면에는 분노가 불타올랐다. 그는 인터넷 사이트에서 열렬하게 활동하며 분노의 댓글과 욕설을 통해 분노를 배설했다. 하지만 자신의 남자답지 못함에 대한 불안을 떨쳐낼 수 없었다. 그뿐만이 아니다. 마치 그 모습이 실제의 아빠를 닮았다는 점에서 아버지가 더 미웠다.

형제도 없는 외동이라 외로웠는데 딱히 말할 상대도 없었다. 그 외로움도 게임과 유머 사이트에서 달랠 수 있어서 게임과 유머 사이트 활동을 더 열심히 하며 지내왔다. 그러던 어느 날이었다. 자신의 핸드폰을 장난으로 가로챈 아이가 그 내용을 보고 자신을 극우 활동가라고 불렀다. 그렇게 하는 것이 극우 활동이라고 지적했다. 아이는 반에서 가장 강력한 극우 댓글 선전 부대원이었다."

이런 청소년 시기를 보내는 남자 청소년은 이제 흔히 볼 수 있다. 그런데 가만히 보면 그들에게서 고립과 불안을 엿볼 수 있다. 그래서 건강한 멘토링, 소속감, 정체감에 도움이 될 수 있는 다양한 활동이 필요하다. 학교와 지역사회가 이런 청소년들을 게임, 온라인 커뮤니티, 유튜브의 늪에서 건져내야 한다. 이런 현실을 외면할 것이 아니라 그 속으로 들어가 극우화의 경로가 되는 곳으로 빠지지 않게 특별한 활동을 해야 한다. 이러한 활동은 개별적이어서는 안 된다. 사회적으로도 중요한 일임을 각성해야 한다. 또한 혐오가 아니라 희망으로 함께하는 청소년 조직의 확대가 필요하다. 이러한 조직은 대중적인 청소년 정치조직까지 포함한다. 제대로

된 민주주의 교육과 정치교육이 이루어지고 직접 정치적인 의사를 표현할 수 있는 조직을 만들어가야 한다. 유럽의 사례에서도 볼 수 있듯이 대중적인 청소년 정치조직은 왜곡된 생각을 교정할 수 있는 기회를 제공한다.

누군가의 비평처럼 방문을 닫고 아이가 조용히 있으면 그 상태를 평화라고 속단해서는 안 된다. 아이의 스마트폰을 통해 벌어지는 일들과 아이가 집 밖에서 부모는 잘 모르는 사람과 함께하는 일을 알기 전에 부모는 자녀에 대해 모두 안다고 해서는 안 될 그런 시대를 우리는 살고 있다. 그렇다고 해서 일일이 자녀를 통제하라는 게 아니다. 방 안에서 어두운 그림자에 사로잡힌 아이들을 밝은 대지로 이끌 수 있는 조언자이자 조력자의 역할을 하라는 것이다. 이 시대의 아이들은 너무나 고립되어 있다. 그 고립이 불안과 분노를 불러일으키고 그 분풀이를 혐오와 극우화 활동을 통해 분출한다. 또 그러한 행위가 그들만의 세상, 즉 고립을 가져온다. 이제 이 악순환의 고리를 끊어내야 한다.

나가는 말
청년들의 상처를 치유하는 것에서 다시 출발해야 한다

 신자유주의 경제 40년 이후 경제적 퇴조와 능력주의에 따른 개인 간 경쟁이 치열해진 결과 지금의 청년 우익화와 극우화가 출현했다. 청년 우익화 배경의 한 축으로 경제적 어려움이 중요하게 작용한다. 그렇지만 경제적 문제만이 결정적 요인은 아니다. 청년층 위기에서 경제적 문제는 중요한 배경이 되지만 더 중요하게 작동하는 것은 따로 있다. 바로 지위 불안과 지위 위협과 같은 사회심리적 혹은 무의식적 상실과 박탈의 문제다. 이로 인한 반동적 운동이 극우화의 큰 요인으로 작동하고 있다.
 남성 우월주의, 백인 우월주의, 타 인종이나 타민족 배제주의, 여성 혐오, 엘리트 혐오, 좌익 혐오와 같은 행태가 나타나고 있다. 이런 혐오를 정치적 행동으로 옮기는 과정에서 파시즘이 동원된다. 테러, 폭력, 그리고 비지성적이고 법률을 위반하는 행동도 서슴지 않는다. 또한 지위 위협을 넘어서는 지위 박탈로 입은 상처로 깊은 원한을 품게 된다. 자신의 수입, 자리, 영광을 가로챈 것에 대한 원한은 무력감, 깊은 수치심, 절망감을 안겼기 때문이다. 이러한 감정의 가장 근저에는 지위 불안과 지위 위협에 따른 두려움이 강력히 작동하고 있다. 또한 성장기에 여러 위협, 박탈, 돌봄의 부족으로 약한 자아 상태에 내몰리는 청년들이 늘고 있다. 게다가 변화하는 사회에 대한 준비와 의식화가 부족한데 이러한 현상은 문화적 지체가 심할수록 더 심각하다.

한편으로 경제 성장 과정에서 중산층이 두꺼워지는 복지와 돌봄 중심 국가로 가는 과정에 실패할수록 극우화의 위기가 더 커졌다. 그간 많은 서민과 노동자층은 우울했고 자기 착취적이었다. 지금은 그 정도를 넘어서 극도의 불안과 불신을 갖게 되었다. 이 과정에서 엘리트의 배신에 대한 분노가 이들을 극우화하는 데 역할을 했다. 엘리트와 중산층 상위 집단은 자기 가족을 위한 중산층 세습화에 더 심혈을 기울였을 뿐이다.

일부 노동 계층은 과거 능력 있는 자본가들의 산업 부흥 시기에 대한 그리움, 강력한 구세주 같은 지도자의 출현, 그러한 지도자에 대한 동일시가 더 크게 작동하면서 퇴행 현상을 보인다. 중도 또는 진보 세력이 정권을 잡아도 별반 달라지지 않는다는 실망감도 사람들의 불안을 더 키웠다. 그 과정에서 우익 파시즘의 선전 선동이 효과를 거두고 있다.

그러나 극우파의 허위 선전과 선동, 그들의 노골적인 이익에 대한 집착, 편견, 혐오에 기초한 정치 견해들로 인해 세계 곳곳에서 전쟁이 벌어지고 있다. 평등과 민주주의는 무너지고 다시 과거의 권위주의적 역사로 회귀할 조짐이 여기저기서 나타나고 있다. 더 불평등한 세상으로 돌아가는 상황에서 더 힘에 의존하는, 즉 권위에 기대는 현상이 벌어지고 있다. 그러자 분열이 일상이 되고 만 혼란기가 시작되었다. 아니나 다를까 최근 한 토론회 자리에서 한 분이 물었다.

"그렇다면 가부장제로 돌아가고 근대 산업사회로 회귀하면서 심리적 무력감에 빠져들어 가는, 한편으로 전쟁 준비를 남몰래 하는 파괴적인 1920~1930년대로 돌아가는 것인가요?"

그럴지도 모른다. 물론 그렇게 되지 않기를 바라지만 일부 국가에서는 그럴 가능성이 충분히 엿보인다. 우리나라도 지난 2024년 12월 3일에 벌어진 비상계엄이 실현되었다고 생각해보라. 극우화 세력이 준동한 상황을 상상하면 아찔하다.

청년들의 정의를 되찾을 수 있는 이성의 안내가 필요하다

내가 진료실에서 겪은 이야기를 마지막으로 덧붙이고자 한다. 최근 알고 지내던 혹은 소식을 알 수 있었던 청소년과 청년들의 이야기다. 극우 행동에 관심을 보이거나 실제로 참여하던 그들 사이에 조금씩 변화가 발생했다.

서울서부지방법원 폭동이 있고 난 뒤부터 그들 중 충격을 받은 아이들이 있었다. 그런 아이 중에는 자기 활동의 수위를 조금 낮추기도 했다. 또 그간 합격이나 취직 등 지위에 변화가 생긴 아이 중 일부는 자신이 극우 활동을 했다는 것 자체를 부인하기도 했다. 이런 것을 보면 지위 불안이 확실히 작동하는 것은 틀림없는 듯하다.

하지만 더 본격적으로 극우 모임에 참여하고 댓글 부대로 참전할 뿐만 아니라 헌법재판소 투쟁에 매일 나간다는 아이들도 있다. 과격한 청년들은 지금 우리 사회의 상태를 거의 내전 상태로 느낀다고 한다. 즉 현 시국은 탄핵을 찬성하는 사람들과 반대하는 사람들 사이에 내전이 치열하게 전개되는 중이라면서 지금의 갈등은 극우 청년들이 훈련되는 시간이라고 말한다.

또 최근 여러 언론에서 보도한 20대 극우의 출현과 관련한 기사를 보면서 그들은 자신이 '극우'라 불리는 것에 대해 양가적 태도를 보인다는 것을 알았다. 그들은 자신들의 존재를 사람들이 알아준다는 것과 자신들이 영향력이 있다는 것에 대해서는 긍정적이다. 하지만 자신을 마치 비정상적인 사람이나 테러리스트처럼 언급하는 것에 대해서는 불만이 높다.

그들은 자신들의 주장과 활동과 더불어 존재 자체를 인정받고 싶어 했다. 그들이 인정받고 싶어 하는 핵심 정체성은 '정의의 사도'다. 그들은 자신들만이 정의라고 주장하고 자신들의 정의를 제대로 알릴 수 없는 환경과 조건에 대해 분노한다. 또한 자신들을 비판하는 것을 부당한 정치 음모와 책동으로 생각하고 있다. 자신들이 오도되고 또 다양한 방식으로 탄압받고 있다고 분개한다.

이 청년들이 '어떻게 이런 생각과 관점을 갖게 되었는가?'에 대해 우리는 지속적으로 탐구하고 있다. 이 사회적 인정에 대한 강렬한 욕구를 가진 청년들을 연구해야 한다. 혹실드가 5년에 걸친 탐구를 통해 『자기 땅의 이방인들』을 썼듯이 한국에서 청년 극우에 관한 적극적인 탐구, 특히 질적 연구가 필요하다. 선거에서의 지지율을 기초로 하는 빅데이터나 선거 시 중요한 정보가 될 수 있도록 설계된 데이터가 아니라 20대 청년들의 깊은 이야기를 담아낼 연구가 곧 진행될 것으로 기대한다.

이 글을 쓰는 기간 동안 서울교육대학교 권정민 교수가 자신의 아들을 극우 유튜버에서 탈출시킨 글이 사람들에게 큰 반향을 얻었다. 권정민 교수는 진보적 자녀를 만들기 위해 노력했다. 자녀가 우파 유튜버의 방송에 빠졌던 상황이었지만 집요한 토론을 통해 아들이 나아졌다는 이야기이다. 이 이야기는 여러 의미를 담고 있다. 부모의 개인적 노력과는 별개로 사회적 영향이 얼마나 큰지를 시사하고, 또 함께 집요하게 토론할 존재의 중요성을 상기한다. 그리고 권정민 교수는 학교 교육의 변화와 더불어 극우가 아닌 2030 남성 유튜버의 육성, 토론 및 정치교육이 중요하다고 주장했다. 자녀의 입장은 어떤지는 알려지지 않아 그 영향과 결과는 알 수 없다. 진보적 교육의 영향과 부모의 토론은 아주 특별한 상황이었다. 민주적 토의와 개방적 토론은 참으로 중요한 가치이다. 민주적 사상이 강요로 내면화되지 않으며, 시대의 영향이 중요하고, 부모나 어른들의 절차에 대한 존중과 태도가 이슈임을 다시 생각해본다. 이제 부모나 교사들이 극우 선동이나 극우 유튜버들의 주장에 따른 의제를 가정 내 대화와 수업 시간에 맞이해야 할 상황에 이미 당도해 있다. 가정교육과 학교 교육에서 그 대처법에 대한 새로운 지도가 필요한 상황이고, 그 현실은 이미 큰 의제가 되고 있다. 우리는 새로운 준비가 필요한 상태이다.

지금껏 논의한 분석에 기초해 우리나라 청년들의 우익화와 관련하여 일부 논의를 들여다보고자 했다. 그리고 우익화와 극우화를 예방하기 위한 활동에 대한 사람들의 제안을 부족하나마 일부 소개했다. 그런데 제안은 쉬워도 사회적 제도화와 특정 교육의 실행은 현실적으로 높은 장벽을 넘어야 한다. 옳은 일이라도 저절로 되는 일은 원래 없다. 방해도 많고 시간도 걸리고 때를 기다려야 하는 경우가 더 많다. 그리고 옳은 일이 반드시 된다는 보장도 없다.

그리고 현재 20대 보수화와 극우의 출현에 대해서는 신중한 논의가 필요하다. 자칫 세대와 젠더를 중심으로 갈라치기의 늪에 깊이 빠질 수 있다는 우려가 상당하다. 하지만 명백한 극우화의 진행 과정은 이미 알려졌다. 인터넷과 소셜 미디어, 종교, 기업 등을 통한 극우화에 대해 손을 놓고 있을 수만은 없다. 이미 일부 국가에서는 인터넷과 소셜 미디어에 대한 방향을 선회하려는 논의가 시작되었다. 사용 시간을 줄이고 스마트폰을 소지하는 시간과 장소도 줄이고 단순히 알고리즘뿐만 아니라 어른과 아동 청소년으로 채널을 분리하는 일도 제안하고 있다.

파시즘과 극우의 위협 속에 살았고 파시즘의 재출현을 두려워하며 지냈던 아도르노는 문명 속의 파시즘, 즉 민주주의의 밖이 아니라 민주주의 내부에서 파시즘을 잉태하게 하는 장치를 지적했다. "나는 민주주의 사회 속에서 잠재적으로 더 위험한 것이 민주주의에 반대하는 파시즘 경향의 잔존보다는 민주주의 속에서 나타나는 파시즘(국가 사회주의의 존속)이라고 생각한다."[1]

우리는 비이성이 이끄는 사회로 들어와 있다. 아도르노는 다시 이성의 힘으로 이끄는 사회로 가야 한다고 했다. 우리 사회도 다시 이성의 인도와 진정한 계몽이 필요한 시점에 있는 것이 아닐까 싶다.

미주

들어가는 말

1. 이 책에서 '극우'와 '우익'을 혼용하여 사용했다. 조금 더 폭력적이고 극단적인 경우는 극우를 사용하고 그렇지 않은 경우는 우익으로 쓰려고 했다. 정치학자들의 견해를 들어보면 우익은 그나마 합법성과 규범을 따르는 경우를 말하고 극우는 그 범위를 벗어난 경우에 해당된다고 한다. 파시즘 또는 전체주의의 개념도 비슷하다고 할 수 있다.
2. 하인츠 코헛 (1977). 자기의 회복. 이재훈 번역. 한국심리치료연구소.
3. 이수비, 신예림, 윤명숙 (2022). 청년의 상대적 박탈감이 자살에 미치는 영향: 미래전망과 사회적 고립의 순차적 매개효과. 보건사회연구, 42(2), 369-389쪽.
4. 테오도르 아도르노 (2020). 신극우주의의 양상. 이경진 옮김. 문학과지성사.

1장 극우 청년의 심리적 탄생 경로

1. 경향신문 (2023년 12월 12일 자). 당신이 보수인지 진보인지…뇌 속 '편도체'는 안다. https://www.khan.co.kr/article/202312122218005
2. 주로 인터넷에서 채팅이나 댓글을 달며 주변 사람을 고의적으로 화나게 하거나 짜증나게 하는 행위를 말한다.
3. "Facebook Fueled Anti-Refugee Attacks in Germany, New Research Suggests". New York Times, 2018년 8월 21일 자. https://www.nytimes.com/2018/08/21/world/europe/facebook-refugee-attacks-germany.html
4. JTBC (2025년 2월 5일 자). 극우 집회 내몰린 10대들…'미인가' 기숙학교서 "좌익 대항 교육". https://news.jtbc.co.kr/article/NB12234369?influxDiv=JTBC

2장 극우 청년의 마음속 감정들

1. 한병철 (2024). 불안사회. 최지수 옮김. 다산초당. 16쪽.
2. 프리드리히 니체 (2021). 도덕의 계보. 박찬국 옮김. 아카넷.
3. 페터 슬로터다이크 (2017). 분노는 세상을 어떻게 지배했는가. 이덕임 옮김. 이야기가있는집.

4. 노리나 허츠 (2021). 고립의 시대 – 초연결 세계에 격리된 우리들. 홍정인 옮김. 웅진지식하우스.
5. 노리나 허츠 (2021). 72쪽.
6. Pamela Nilan (2021). Young People and the Far Right. Palgrave Macmillan. 이 장의 내용은 닐란의 연구에 기초했다.
7. 게임스톱 사태는 2021년 초 월스트리트베츠 토론방을 중심으로 뭉친 미국 개인투자자들이 게임스톱 등 쇠락하는 기업 주식을 공매도한 대형 헤지펀드에 손해를 입히기 위해 해당 주식을 집중적으로 사들이면서 시작됐다. 매수세가 몰려 주가가 오르자 헤지펀드 등이 급히 숏스퀴즈(공매도 투자자가 주가 상승 시 손실을 줄이고자 해당 주식을 매수하는 것)에 나서면서 주가가 더욱 가파르게 상승했다. 당시 게임스톱뿐만이 아니라 다른 주식을 향한 매수 움직임이 이어졌다. 인터넷상 밈을 통해 개인투자자들의 입소문을 타 급등하는 주식을 가리키는 이른바 '밈 주식'이 주목받기도 했다.
https://www.khan.co.kr/article/202405141408001#c2b
8. 너새니얼 포퍼 (2024). 분노세대 – 밈과 혐오로 시장을 교란하는 불안 세력의 탄생. 김지연 옮김. 웅진지식하우스. 85쪽.
9. New York Times (2018. 8. 23). Should We All Be Taking 'Irony Poisoning' More Seriously? https://static.nytimes.com/email-content/INT_4981.html
10. AntiHate.CA (2023년 1월 5일 자). No Laughing Matter: Understanding And Defining Irony Poisoning. https://www.antihate.ca/understanding_defining_irony_poisoning

3장 마음의 극우화를 이해하는 이론 1

1. Christopher Sebastian Parker (2021). Status Threat: Moving the Right Further to the Right?. Daedalus, 150(2): 56–75.
2. 딥 스테이트(deep state)는 정부의 의사결정에 깊숙이 영향을 미치면서도 실체를 드러내지 않는 세력을 말한다. '나라의 심부' 또는 '나라 안의 나라'라고도 부른다. 이익을 추구하는 비기득권 세력의 비밀 집단을 말하기도 한다. (출처: 단비뉴스)
3. 앨리 러셀 혹실드 (2017). 자기 땅의 이방인들 – 미국 우파는 무엇에 분노하고 어째서 혐오하는가. 유강은 옮김. 이매진.
4. Christopher Sebastian Parker, Howard Lavine (2024). Status threat: The core of reactionary politics. Political Psychology, 2024;00: 1–25.
5. 티파티(Tea Party)는 미국의 조세 저항 운동이다. 특정 정당이 없는 무정형의 형태로 정치적으로는 보수 성향을 띠어 '극우 반정부 운동'을 뜻

하기도 한다. 티파티란 용어는 1773년 영국 식민지 시절 무리한 세금 징수에 분노한 보스턴 시민들이 영국 정부가 과세한 홍차를 거부하면서 보스턴 항구에서 수입되려던 홍차를 모두 바다에 던져버린 보스턴 차사건(Boston Tea Party)에서 유래했다. 미국 독립전쟁의 도화선이 된 티파티 운동은 식민지 거주민들의 저항뿐만 아니라 조세 저항을 상징하는 말로 쓰이고 있다. 2009년 초 미국 오바마 정부가 경제회생을 위해 7,800억 달러를 투입하는 등 경기 부양에 국민 세금을 쏟아부어 나라 빚이 천문학적으로 늘게 된 데 반발하는 시민들의 수가 늘면서 티파티 운동이 전국으로 번졌다. 이들은 정부의 건전한 재정 운용, 작은 정부와 세금 인하, 각 주별 권한 강화, 강력한 국가안보 등 보수적 가치를 내걸고 있다. (출처: 재정경제부 시사용어사전)

6. 1976년 레이건의 선거운동 당시 공격의 대상이 됐던 복지 혜택의 부정수급자를 일컫는다.
7. 혹실드, 196쪽.
8. 혹실드, 289-290쪽.
9. Pam Nilan, Josh Roose, Mario Peucker, Bryan S. Turner (2023). Young Masculinities and Right-Wing Populism in Australia. Youth 2023, 3(1), 285-299.

4장 마음의 극우화를 이해하는 이론 2

1. Sophie Kaldor (2021). Far-Right Violent Extremism as a Failure of Status: A New Approach to Extremist Manifestos through the Lens of Ressentiment. ICCT Research Paper.
2. 프리드리히 니체 (2021). 도덕의 계보. 박찬국 옮김. 아카넷.
3. Brenton Tarrant (2019). The Great Replacement: Towards a New Society. Sourced online.
4. involuntary celibate의 약자로 직역하면 원치 않은 금욕주의자, 비자발적 싱글이라는 뜻이다.
5. 스기타 슌스케 (2023). 자본주의 사회에서 남성으로 산다는 것. 명다인 옮김. 또다른우주.
6. 수전 케인 (2021). 콰이어트 - 시끄러운 세상에서 조용히 세상을 움직이는 힘. 김우열 옮김. 알에이치코리아.
7. Warren Farrell (2001). The Myth of Male Power. Berkley Trade.

5장 마음의 극우화를 이해하는 이론 3

1. SBS (2025년 3월 16일 자). '그냥 쉬는' 청년 수두룩…청년 백수 120만

명 넘었다. https://biz.sbs.co.kr/article/20000222935

2. 『권위주의적 성격』은 부분적으로 독일에서 수행된 초기 프랑크푸르트학파의 분석에 기반을 두고 있었지만 미국 공동 연구자들과의 연구 과정에서 이론과 방법론을 수정하여 큰 비판을 받았다. 첫째, 마르크스주의와 급진주의 영향을 축소한 점이다. 둘째, 전통적인 마르크스주의의 사회학적, 경제적 설명을 포기하거나 수정한 탓이다.

3. Adorno T & Et al. (1950, 1993) : Authoritarian Personality, Harper & Row, Norton and Company

4. Seductions of Crime (Katz) (2019. 4. 30). https://soztheo.de/theories-of-crime/culture-emotions-situations/seductions-of-crime-katz/?lang=en

5. Yoshida, Y., & Demelius, Y. (2024). Seduction of far-right actions: A pathway to an authentic self? Crime, Media, Culture, 21(2), 187-210. https://doi.org/10.1177/17416590241245380 (Original work published 2025)

6. 카스 무데 (2021). 혐오와 차별은 어떻게 정치가 되는가 – 열 가지 키워드로 읽는 21세기 극우의 현장. 권은하 옮김. 위즈덤하우스.

7. Jay Frankel (2015). The traumatic basis for the resurgence of right-wing politics among working Americans. Psychoanalysis, Culture & Society Vol. 20(4), 359 – 378.

6장 한국 극우 청년을 위한 이해의 시도

1. KBS (2024년 6월 11일 자). 유럽도 '이대남' 현상?…왜 젊은 남성은 보수가 됐나? https://news.kbs.co.kr/news/pc/view/view.do?ncd=7985253

2. 뉴스투데이 (2025년 1월 31일 자). 20대 남성은 왜 극우가 되는가?(상). https://www.news2day.co.kr/article/20250131500132

3. 한국일보 (2025년 1월 19일 자). "대통령님 힘내세요" 2030 남성 '청년 우파' 결집 배경은. https://www.hankookilbo.com/News/Read/A2025011611320004086

4. 천관율, 정한울 (2019). 20대 남자 – '남성 마이너리티' 자의식의 탄생. 시사IN북.

5. 신진욱 (2022). 그런 세대는 없다 – 불평등 시대의 세대와 정치 이야기. 개마고원.

6. 조귀동 (2020). 세습 중산층 사회 – 90년대생이 경험하는 불평등은 어떻게 다른가. 생각의힘.

7. 한겨레21 (2022년 8월 17일 자). 이준석과 박지현이 밀려난 진짜 이유. https://h21.hani.co.kr/arti/politics/politics_general/52434.html
8. 한겨레21. 이준석과 박지현이 밀려난 진짜 이유.
9. EBS (2024년 11월 30일 자). 한국의 젊은 남성은 왜 보수로 기울었나. https://www.youtube.com/watch?v=8CZg9naevV4

7장 극우화를 예방하고 돕는 노력

1. 카스 무데 (2021). 혐오와 차별은 어떻게 정치가 되는가. 권은하 옮김. 위즈덤하우스. 229-248쪽.
2. BBC뉴스코리아 (2024년 5월 11일 자). 영국의 '온라인 안전 법', 온라인에서 자녀를 안전하게 보호하려면? https://www.bbc.com/korean/articles/c72pg5j8ev2o
3. 한국교육신문 (2025년 1월 24일 자). '가짜뉴스 판독' 핀란드 미디어 리터러시 교육 주목. https://www.hangyo.com/news/article.html?no=103620
4. 마이클 샌델 (2014). 정의란 무엇인가. 김명철 옮김. 와이즈베리.
5. Josh Cohen (2024. 9. 15). We're living in the age of rage. I'm a psychoanalyst – here's what we need to do to calm down. https://www.theguardian.com/society/2024/sep/15/all-the-rage-why-anger-drives-the-world-josh-cohen
6. 마시모 레칼카티 (2016). 버려진 아들의 심리학 – 오이디푸스 콤플렉스에서 텔레마코스 콤플렉스로. 윤병언 옮김. 책세상.

나가는 말

1. 테오도르 W. 아도르노 (2021). 성숙을 위한 교육. 홍은영 옮김. 문음사. 14쪽.

극우 청년의 심리적 탄생
: 누가 그들의 분노, 좌절, 박탈감을 원한과 복수로 키워 극우가 되게 하는가

초판 1쇄 인쇄 2025년 6월 4일
초판 1쇄 발행 2025년 6월 10일

지은이 김현수
펴낸이 안현주

기획 류재운 **편집** 안선영 김재열 **브랜드마케팅** 이민규 **영업** 안현영
디자인 표지 정태성 본문 장덕종

펴낸곳 클라우드나인 　　**출판등록** 2013년 12월 12일(제2013-101호)
주소 우) 03993 서울시 마포구 월드컵북로 4길 82(동교동) 신흥빌딩 3층
전화 02-332-8939 　**팩스** 02-6008-8938
이메일 c9book@naver.com

값 20,000원
ISBN 979-11-94534-26-6 03300

* 잘못 만들어진 책은 구입하신 곳에서 교환해드립니다.
* 이 책의 전부 또는 일부 내용을 재사용하려면 사전에 저작권자와 클라우드나인의 동의를 받아야 합니다.
* 클라우드나인에서는 독자여러분의 원고를 기다리고 있습니다.
　출간을 원하는 분은 원고를 bookmuseum@naver.com으로 보내주세요.
* 클라우드나인은 구름 중 가장 높은 구름인 9번 구름을 뜻합니다. 새들이 깃털로 하늘을 나는 것처럼 인간은 깃펜으로 쓴 글자에 의해 천상에 오를 것입니다.